Chanoine A. PRÉVOST
Archiviste du Diocèse de Troyes
Membre résidant de la Société Académique de l'Aube

ESSAI GÉNÉALOGIQUE

SUR

LA MAISON

DE CHAUVIGNY DE BLOT

EN AUVERGNE ET EN BOURBONNAIS

UNION TYPOGRAPHIQUE. — DOMOIS PAR DIJON (COTE-D'OR)

Il a été tiré de cet ouvrage 100 exemplaires numérotés.

N° 90

Imprimé pour

M Exemplaire destiné à la Bibliothèque nationale

ESSAI GÉNÉALOGIQUE

SUR

LA MAISON DE CHAUVIGNY DE BLOT

Chanoine A. PRÉVOST
ARCHIVISTE DU DIOCÈSE DE TROYES
MEMBRE RÉSIDANT DE LA SOCIÉTÉ ACADÉMIQUE DE L'AUBE

ESSAI GÉNÉALOGIQUE

SUR

LA MAISON

DE CHAUVIGNY DE BLOT

EN AUVERGNE ET EN BOURBONNAIS

UNION TYPOGRAPHIQUE. — DOMOIS PAR DIJON (COTE-D'OR)

A LA MÉMOIRE

DE HENRI-CHARLES-ÉDOUARD

DE CHAUVIGNY DE BLOT

DOCTEUR EN DROIT

AVOCAT A LA COUR D'APPEL DE PARIS

DÉCORÉ DE LA MÉDAILLE MILITAIRE ET DE LA CROIX DE GUERRE

TUÉ A L'ENNEMI LE 6 SEPTEMBRE 1918

PRÉFACE

L'étude de l'histoire des familles est une des meilleures préparations qui soit à l'étude de l'histoire d'un pays. C'est en suivant à travers les siècles la marche des générations, que l'on comprend le mieux tout ce que les individus périssables doivent à la multitude des ancêtres qui les ont formés et quelle est la solidarité qui, unissant les vivants aux morts, donne à l'histoire d'une nation son impérieux caractère d'unité. Si toute généalogie est une lecture profitable, que dire de celles qui concernent les familles de premier plan, témoins de la formation de la France, acteurs du grand drame de son développement et qui, toujours vivantes après tant de siècles, sont pour elle une réserve d'énergie et de talents affinés par le lent travail des années écoulées.

Ces familles, ou pour mieux dire ces maisons, constituent une élite dont l'existence devrait rendre fiers tous les citoyens d'un pays, s'ils réfléchissaient jamais à tout ce que sa formation suppose de facteurs favorables, au premier plan desquels celui que rien ne remplace : le temps !

Quand on voit des peuples neufs, comme les Américains, rechercher tout ce qui rappelle leur court passé et accorder tant de considération à ceux d'entre eux qui descendent des premiers colons, fondateurs de leur pays, on ne peut s'empêcher de trouver triste que la France officielle ne s'intéresse à l'aristocratie française, la plus ancienne et la plus pure d'Europe, que pour la brimer.

Il est donc bon que les membres de cette aristocratie ne se laissent pas oublier et que leur activité se manifeste dans toutes les branches de la vie sociale contemporaine. Trop longtemps confinés dans la carrière militaire, dont il semblait à tant de gentilshommes que seule elle fût digne d'eux, ils ont enfin compris que toutes les situations honorables s'ennoblissent à être tenues par des nobles, qui apportent dans l'exercice de leur profession leurs traditions ancestrales de probité et d'honneur. Il est bon également qu'ils s'attachent à rappeler les fastes de leurs maisons et à apporter leur pierre au vaste édifice de l'histoire nobiliaire de la France que, par une curieuse coïncidence, le XIXme siècle, qui a détruit la noblesse en tant que classe distincte de la population, a entrepris presque aussitôt d'élever. C'est là un devoir auquel ils n'ont pas failli et l'on ne compte plus les études sur des ensembles nationaux ou provinciaux, les monographies familiales ou les biographies dues aux représentants des anciennes familles françaises.

Chacun, en effet, a senti qu'il fallait faire mieux connaître les services rendus et les efforts accomplis par une classe dont on a pu médire, mais qui a prouvé sa vitalité en résistant aux plus terribles épreuves.

C'est pourquoi j'ai un si grand plaisir à rappeler rapidement ces quelques idées qui me sont chères au seuil du volume que le vicomte J. de Chauvigny de Blot a voulu consacrer à l'antique race chevaleresque dont il perpétue le nom et les qualités.

Grand arbre aux branches touffues dans les siècles passés, la maison de Chouvigny ou de Chauvigny les a toutes vues frappées de mort sauf un rameau, transplanté depuis peu dans le sol champenois. De jeunes pousses encore frêles font espérer que le vieil arbre reprendra vigueur ; mais, quel que soit son destin futur, le vicomte de Chauvigny de Blot a voulu qu'en soit fixée l'image exacte au premier quart du XXme siècle. Ayant patiemment colligé tout ce qui a été écrit sur sa maison et longuement scruté les archives des diverses régions où ont vécu les siens, il a réuni un dossier dont l'érudit averti qu'est Monsieur le chanoine Prévost a su tirer une excellente et consciencieuse généalogie qui prendra place dans la bibliothèque de tous ceux qui, de près ou de loin, s'intéressent à l'Auvergne.

C'est en effet de ce terroir, âpre mais fécond, que sont sortis les sires de Blot. Leur berceau fut la seigneurie de Chauvigny, en Bourbonnais, située sur les bords de la Sioule, aujourd'hui commune du département de l'Allier, canton de Chantelle, où subsistent encore les ruines de leur château, mais ils ne tardèrent pas à se fixer à Blot. C'est vers la fin du treizième siècle que Guillemin de Chauvigny épousa Catherine de Blot, dernière représentante d'une puissante famille de la Basse-Auvergne que la tradition fait descendre des premiers sires de Bourbon (1). Cette dame lui apporta le château de Blot, situé lui aussi sur les bords de la Sioule, dont il existe encore des ruines importantes, et la seigneurie de Blot-l'Église aujourd'hui commune du département du Puy-de-Dôme. Les descendants de Guillemin de Chauvigny et de Catherine de Blot furent indistinctement désignés sous le nom de Chauvigny ou sous celui de leurs deux seigneuries de Blot qu'ils portent encore aujourd'hui.

La généalogie qui va suivre les fera mieux connaître qu'un rapide résumé et je m'en voudrais de la déflorer. Je noterai simplement que les ruines de Blot-le-Château appartiennent encore aux descendants de Hugues de Champs, marié en 1731 à Marguerite-Agnès de Chauvigny, et que le château de Blot-l'Eglise a été vendu par la comtesse de Chauvigny, née Anne-Charlotte de Sayn-Wittgenstein, à Monsieur Rufin dont la petite-fille l'a apporté en mariage au comte de Roffignac qui en est actuellement propriétaire.

Le nom de Chauvigny n'a pas été porté seulement par la vieille race féodale étudiée ici, mais par une autre maison non moins importante, qui a occupé un rang considérable dans la noblesse du Berry et s'est éteinte en 1502. Certains auteurs ont voulu voir dans ces deux familles deux branches

(1) M. Chazaud, dans son *Etude sur la Chronologie des Sires de Bourbon*, publiée en 1855 par la Société d'émulation de l'Allier, ne paraît pas mettre en doute l'origine des Blot. Parlant en effet d'une querelle entre Archambaud V de Bourbon et Pierre de Blot, au cours de laquelle le premier en vint à nier sa parenté avec le second, il s'exprime ainsi : « Quant au fait allégué par Pierre de Blot que son père et le père d'Archambaud V étaient frères germains,... rien n'est plus certain que cette parenté, prouvée par la charte d'Archambaud le Fort, dont il existe aux archives de l'Allier une copie du XIe siècle, et par celle de Pierre de Blot pour Montcenoux. »

séparées très anciennement d'une seule et même maison ; mais il paraît établi aujourd'hui qu'elles sont distinctes dans leur origine. Leurs armoiries sont d'ailleurs essentiellement différentes ; les Chauvigny de Blot ont toujours porté, à quelques brisures près, un écusson : *écartelé aux 1 et 4 de sable au lion d'or armé et lampassé de gueules et aux 2 et 3 d'or à trois bandes de gueules*, au lieu que leurs homonymes berrichons blasonnaient : *d'argent à cinq fusées de gueules mises en fasce.*

Je n'ai pas à apprécier ici le travail de M. le Chanoine Prévost, il me sera cependant permis de dire avec quel plaisir j'ai parcouru ces pages nourries d'une documentation abondante et sûre. L'austérité de son essai pourrait étonner certains lecteurs, elle est voulue, et en elle se trouve le meilleur gage de l'honnêteté de son travail. Certains personnages auraient donné matière à d'amples biographies, l'auteur a su résister au désir de leur consacrer des chapitres qui auraient déséquilibré l'œuvre et l'auraient transformée. Il faut l'en louer et le féliciter hautement de la manière magistrale dont il a compris et écrit cette belle généalogie qu'il donne aujourd'hui au public.

HENRI DE LA PERRIÈRE.

Cliché Béguin

CHATEAU DE CHAUVIGNY

(Allier)

AVANT-PROPOS

« On voit sur la rivière de Sioule, en Bourbonnais, entre « les Abbayes d'Ebreuille et de Menat en Auvergne, les « ruines du fort château de Chauvigny, qui fut démoli « en 1633. Il est sur la gauche de la Sioule, à la tête d'une « grosse paroisse du même nom, de Chauvigny, ce nom en « latin dans les anciens titres est Calviniaco ou Chalviniaco, « en français, Chauvigny, Chavigny ou Chouvigny.

« Les seigneurs de Chauvigny en Bourbonnais étaient « des premiers de cette province, dès l'an 1070. Une si grande « ancienneté, soutenue de belles alliances et d'emplois distin- « gués dans les plus beaux siècles de notre chevalerie, m'a « engagé à faire des recherches sur cette maison. »

Ainsi s'exprimé l'auteur anonyme d'une généalogie imprimée vers 1784.

C'est l'histoire de cette maison qui va être reprise et complétée ici, bien des documents inconnus à la fin du XVIIIe siècle pouvant aujourd'hui être utilisés.

Un tel travail n'est pas entièrement inédit, car les Chauvigny ont tenté plusieurs fois déjà les érudits. La Chenaye des Bois en a donné au XVIIIe siècle une généalogie qui est fort incomplète et, en outre, inexacte pour les premiers degrés. Chérin, d'Hozier ont laissé sur leur compte de nombreuses notes, que l'on trouve dans leurs papiers au Cabinet des Titres. L'Intermédiaire des Chercheurs et des Curieux en 1905, et spécialement le Commandant du Broc de Segange en 1900, leur ont consacré des pages intéressantes; on trouvera d'ailleurs, dans la bibliographie qui suit, la liste des sources à consulter sur les Chauvigny.

Mais si la présente généalogie n'a pas le mérite de l'inédit, son auteur s'est efforcé de lui donner celui de la plus entière bonne foi et n'a pas cherché à flatter l'orgueil de ceux qui lui ont confié le soin de mettre en ordre leur filiation. Rien n'y est avancé qui ne puisse être prouvé et les prétentions, même les plus vraisemblables, ont été rigoureusement écartées. L'Essai généalogique sur la maison de Chauvigny de Blot n'est pas un recueil de légendes familiales, c'est un sommaire net et précis de dates et de faits.

Cliché Béguin

CHATEAU DE CHAUVIGNY (Vue sur la Sioule)

(Allier)

BIBLIOGRAPHIE

La Chenaye des Bois, *Dictionnaire de la Noblesse*, troisième édition, tome cinquième, Paris, 1865, in-4°.

Dom François Gardon, *Histoire de l'Abbaye de la Chaize-Dieu*, publiée par Antoine Jacotin, Le Puy, 1912, in-8°.

Commandant du Broc de Segange, *Les Chauvigny de Blot*, dans le Bulletin de la Société d'Émulation et des Beaux-Arts de l'Allier.

Bouillet, *Nobiliaire d'Auvergne*.

Boudant, *Histoire de la Ville, du Château et de l'Abbaye d'Èbreuil, Moulins*, 1864, in-4°.

C. Grégoire, *Le Canton de Chantelle*, in-8°.

De Ribier, *Preuves de noblesse des Pages auvergnats admis dans les Ecuries du Roi*, 1667-1792, Paris, 1909, in-8°.

De Ribier, *Preuves de noblesse des Demoiselles auvergnates admises dans la Maison de Saint-Cyr*, 1686-1793, Paris 1912, in-8°.

Paul Gabent, *Les Illuminés ou anticoncordataires de l'ancien diocèse de Lombez* (Gers), Auch 1906, in-8°.

Dossiers des Gozis, N° 1599, aux Archives de l'Allier.

Archives de Clermont, fonds Chauvigny, série E, liasse 3.

Dom Bétencourt, *Noms féodaux ou noms de ceux qui ont tenu fiefs en France...*, 1826.

Chaix d'Est-Ange, *Dictionnaire des familles françaises anciennes ou notables à la fin du XIXe siècle*, tome X, p. 199 et suiv.

De Woelmont de Brumagne, *Notices généalogiques* (1re série) Champion, éditeur, Paris 1923.

Généalogie de la Maison de Chauvigny en Bourbonnais (plaquette in-4° de 42 pages, auteur anonyme, imprimé vers 1784.

Chazaud, *Chronologie des Sires de Bourbon.*

ESSAI GÉNÉALOGIQUE

SUR

La Maison de Chauvigny de Blot

Le nom de Chauvigny est fort ancien en Bourbonnais. Dès 1070, on le trouve cité avec Blain de Chauvigny, seigneur de Chauvigny ; en 1080 on rencontre Oudin de Chauvigny, chevalier, mais on ne peut commençer avec certitude la filiation qu'avec Guillaume de Chauvigny qui possédait, en l'an 1300, le château de Chauvigny.

I

Guillaume de Chauvigny (1), seigneur de Chauvigny, de Salpalaine (2) et probablement de Nades. Il eut deux fils : Bertrand, auteur de la branche de Nades, et André, auteur de la branche de Saint-Gérand de Vaux.

(1) Ce Guillaume descendait vraisemblablement de Guillaume de Chauvigny qui était tenu, à cause de son fief, à servir le comte de Nevers, Hervé, en l'an 1220. (M.-A. Chazaud, *Etude sur la Chronologie des Sires de Bourbon*, Moulins, in-8°, 1865, p. 207.)

(2) Salpalaine, Puy-de-Dôme, commune de Marcillat.

BRANCHE DE NADÈS

II

Bertrand, seigneur de Chauvigny, de Salpalaine et de Nades, épousa *Agnès de Sauzet*. En 1300, il rendit foi et hommage pour la maison et la terre de Chazeuil et l'hôtel de Sauzet, avec leurs dépendances situées dans les paroisses de Varennes, Saint-Loup, Saint-Gérand, dans les châtellenies de Billy, de Verneuil et de Gannat.

Sa femme remplit le même devoir de vassalité en 1321 et en 1332 pour Sauzet et pour des terres à Marcigny. Elle mourut en 1335, laissant pour enfants : Guillaume qui suit, Guillemin, auteur de la branche de Blot et Roger.

III

Guillaume II, damoiseau, puis chevalier, était en 1321 seigneur de Chauvigny, Nades, la Lizolle, Mazerier, Sauzet et Salpalaine. Il reçut en partage le château patrimonial de Chauvigny, à gauche de la Sioule (1), ainsi qu'une partie de la

(1) *Généalogie de la Maison de Chauvigny en Bourbonnais*, p. 7.

terre de Sauzet. Nous le voyons en 1322 rendre foi et hommage au Sire de Bourbon pour l'hôtel de Nades et pour une partie de la terre de la Lizolle, ce qu'il fit en 1335 pour la terre de Chenay à lui advenue par le décès de sa mère. Il possédait aussi des cens et des rentes en 1348 dans la châtellenie de Frezet. Il renouvela en 1350 foi et hommage pour les trois quarts du château et de la terre de Sauzet et pour la dîme de Mazerier. Il avait épousé vers 1320 *Dalmase* ou *Damase* qui vivait encore en 1350.

IV

Jean, fils de Guillaume, seigneur de Nades et de la Lizolle, se maria vers 1349 à *Aliénor de Châtel-Montagne*, dame de la Motte-Mourgon et de Taconnay et probablement fille de Guillaume IV, baron de Châtel-Montagne et de Jeanne de Thianges. Il rendit foi et hommage en 1350 et en 1375 pour Nades, pour la justice haute, moyenne et basse de la Lizolle, pour les terres de Taconnay et de la Motte-Mourgon avec des droits dans les paroisses de Magnet, Billezois et Vicq en la châtellenie de Billy. On lui attribue généralement pour fils Jean et peut-être Guillaume III de Chauvigny, chevalier, seigneur de Nades, écuyer du duc de Bourbon, qui vivait en 1392. Son sceau était *d'or à un chevron de sable accompagné de trois merlettes de même*. Son timbre représentait un haume sommé d'un objet conique entre deux cornes avec deux lions pour support.

V

Jean II de Chauvigny, chevalier, seigneur de Nades, fut témoin, en 1390, du mariage de Robert, comte de Clermont, dauphin d'Auvergne, avec Catherine de Veauce. Il épousa, vers 1392, *Catherine Breschard*, dite de *Bressolles*, dame de Saint-Clément, Montmorillon et Rosière, veuve de son parent Jean de Chauvigny de Blot, qui avait été tué au siège de Carthage en 1390. Elle était fille de Regnaud Breschard, chevalier, seigneur de Bressolles, et de Blanche de Montmorillon, dame de Rosière. Sa fortune considérable se partagea entre ses enfants. Ceux du premier lit eurent Montmorillon et Rosiére ; sa fille, du second lit, Saint-Clément. Cette fille, Isabeau de Chauvigny, était dame de Nades, Espinasse, Saint-Clément, Cognat, Ecole, Beaune et Saint-Hilaire. Elle épousa, par contrat du 3 novembre 1409, *Pierre*, chevalier, seigneur *de Montmorin* et de la Bastie, chambellan du roi, bailli de Saint-Pierre-le-Moutier, fils de Geoffroy et de Dauphine de Tinières. Les grands biens qu'elle lui apporta passèrent dans la maison de Montmorin. Veuve en 1456, elle fit foi et hommage pour les terres dont son mari lui avait laissé la jouissance. Avec elle s'éteignit la branche de Nades.

Cliché Béguin

RUINES DU CHATEAU DE BLOT-LE-ROCHER

Commune de Saint-Remy-de-Blot (Puy-de-Dôme)

BRANCHE DE BLOT

III bis

Guillemin de Chauvigny, fils puîné de Bertrand et d'Agnès de Sauzet, naquit vers 1300. Il avait hérité de son père le fief de Saint-Gal, sur la droite de la Sioule, où il bâtit la maison du Vivier qu'il habita (1). Il épousa *Catherine de Blot,* dernière fille de la famille des Sires de Blot en Basse-Auvergne, dame de Saint-Remy de Blot et en eut au moins quatre fils encore vivants ou récemment décédés en 1399 (2). Catherine était fille de Gauvain de Blot et de Mahaut de Combronde, dame de Mirebeau (3), de Nassigny et de la forêt du Lac. Ses quatre fils s'appelaient Jean, Guillaume, Thévenin et Bertrand.

(1) *Généalogie de la Maison de Chauvigny en Bourbonnais*, pages 7-8.

(2) « Chauvigny (Jean, Guillaume, Thévenin et Bertrand de) héritiers de la terre du Vivier par leur père et de celle de Blot, par leur mère, enfants de Guillemin de Chauvigny et de N. de Blot, petit-fils de Bertrand de Chauvigny dont deux enfants, l'un appelé Guillaume, l'autre Guillemin. Information si la terre du Vivier, dépendante de celle de Blot, est du ressort de Bourbonnais ou d'Auvergne (R. 1356, p. 185) ». *Noms féodaux.* — Le système qui fait marier l'héritière de Blot avec Guillemin de Chauvigny vers 1240 est donc en contradiction avec ce texte assez contourné, mais très clair. Il faut admettre, comme le fait des Gozis, que ce mariage n'a pu avoir lieu que vers 1330. Un ancêtre, Pierre de Blot, avait eu une querelle avec Archembaud V de Bourbon, vers l'année 1165. Elle se termina par ordre du pape Alexandre II, sous peine d'excommunication. Pierre de Blot et le père d'Archembaud V étaient cousins-germains (D'Achery, *Spicilegium*, t. VIII, p. 201-203). La famille de Blot descendait en ligne directe et masculine d'Archembaud III (Chazaud, *Chronologie des Sires de Bourbon*, p. 207).

(3) *Les Chauvigny de Blot*, p. 159.

IV

Jean de Chauvigny de Blot, né vers 1330, était seigneur de Blot, Montespedon, le Vivier, Saint-Gal et Salpalaine. Il avait épousé *Marguerite de Saligny*, fille, croit-on, de Hugues, seigneur de Randon et d'Anne de Sully. Il reçut foi et hommage de Jean Boc de Salpalaine en juin 1381, et suivit le roi de France à la guerre de Flandre avec trois chevaliers et dix-huit écuyers (1). Il fut l'un des meilleurs capitaines des troupes de Louis II de Bourbon qui, lors de l'institution de l'ordre de l'Espérance (1er janvier 1365), le créa chevalier avec les noms les plus illustres de la noblesse de sa cour (2). D'Orronville ajoute que le roi l'envoya en Espagne, avec Jean de Châtelmorant à la tête de 400 gens d'armes du Bourbonnais et du Forez, pour secourir Henri de Castille contre Pierre le Cruel (3). Jean assista, en février 1365, au siège de la Roche-sur-Allier (4), mais il mourut peu de jours après. Son château de Blot fut pris par d'Albret qui y mit une garnison. Sur les réclamations de sa veuve, le duc de Berry et d'Auvergne intervint et prescrivit d'abord de remettre le château, en garde, à Lourdin de Salagny et à Christophe d'Isserpent, puis il l'adjugea définitivement à la veuve à qui il donna des lettres datées du Puy,

(1) Bibliothèque Nationale, Audigier, *Histoire de la province d'Auvergne*, ms.

(2) Chazaud, *La chronique du bon duc Loys de Bourbon*, Paris, 1876, in-8°, p. 9.

(3) Jean Cabaret d'Orronville, *Histoire de la Vie de Louis, duc troisième de Bourbon*, p. 105.

(4) *Idem*, p. 19.

fin 1365, par lesquelles le château devait être remis au fils, Jean, alors âgé de treize ans (1).

V

Jean de Chauvigny de Blot, 2e du nom, chevalier, seigneur de Blot, Salpalaine, Montespedon, puis de Montmorillon, Rosière et Saint-Clément; naquit vers 1352. En 1377 il fit foi et hommage pour l'hôtel et la terre de Salpalaine en la partie bourbonnaise de la paroisse de Marcillat et pour le bois de Champbertrand et pour les arrière-fiefs dans la châtellenie de Chantelle. Il donna aveu pour le pré du Châtelard, pour le bois de Marbeughe et pour divers arrière-fiefs en la châtellenie de Gannat en 1377 et en 1383. Au nom de sa femme, il rendit foi et hommage pour la maison forte de Montmorillon près d'Arfeuille avec le domaine et la seigneurie en dépendant et pour l'hôtel de Rosière avec les terres en dépendant dans les châtellenies de Vichy et de Billy. Il fut tué en Afrique au siège de Carthage en 1390 (2). Il avait épousé vers 1375 *Catherine Breschard* dite *de Bressolles*, dame de Montmorillon, Saint-Clément, Rosière, fille de défunt Regnaud, chevalier, seigneur de Bressolles et de Blanche de Montmorillon, dame de Rosière. Elle lui survécut et se remaria vers 1392 avec Jean II de Chauvigny, seigneur de Nades, dont nous avons parlé. Elle vendit

(1) Archives du Puy-de-Dôme.
(2) J. Le Laboureur, *Histoire de Charles VI, roy de France*, Paris 1755, in-4°, t. VI, p. 302.

en 1393, au duc de Bourbon, pour le compte de ses enfants mineurs, une maison sise à Mazerier près de Gannat. Plus tard ses propriétés se partagèrent entre ses enfants des deux lits. Ceux du premier lit eurent Montmorillon et Rosière, ceux du second lit eurent Saint-Clément. Sont nés de cette alliance :

1° JEAN qui suit.

2° JEANNE, dame de Toury-sur-Allier en partie, mariée avant 1400 à *Louis de Vissac*, seigneur de Saint-Pierre, fils d'Etienne, seigneur de Vissac, Arlenne, les Murs, etc..., et de Jeanne Gabrielle de Gout. Elle lui apporta une part de Toury-sur-Allier qu'elle paraît avoir héritée de sa mère et que celle-ci peut avoir eue de sa grand'tante Catherine de Bressolles, femme de Goussard de Toury, ou de son grand père, Jean Breschard, qui en possédait une part. Jeanne de Chauvigny plaidait en 1420 contre Hélion de Saint-Julien.

3° CATHERINE. — Elle épousa vers 1390-1395 *Hérard*, chevalier, seigneur *de Châtel-Montagne et de Saint Gérand-le-Puy*, fils de Guillaume V et de Béatrix de Montmorin. Veuve dès 1415, elle dut poursuivre les héritiers de son mari pour obtenir la reconnaissance d'une rente de 120 livres à elle promise par son contrat de mariage. Par transaction cette rente fut assignée sur la terre de Saint Gérand-le-Puy le 7 juillet 1416 (1).

4° GUILLAUME, vivant en 1493.

(1) MAROLLES : Titres de Nevers, 747.

5° HUGUE, abbé de Menat en 1418 (1). Il présenta un sujet pour une cure à l'évêque de Clermont. Nommé abbé de la Chaise-Dieu le 21 mai 1420, il arriva à son abbaye en 1421 et en prit possession le 15 avril. Reçu à la grande porte de l'église par le prieur, Astorge Roger, avec tous les religieux, on lui donna lecture des statuts du couvent, puis il prêta serment de les observer (2). Dès le 15 juillet suivant il obtint du pape Martin V le pouvoir d'absoudre ses religieux (3) de tous les cas réservés, excepté l'homicide volontaire. Il décida en 1423 que les prêtres séculiers du monastère y feraient la garde, en cas de danger imminent. En 1426, il eut la douleur de voir le feu ravager la plus grande partie de la ville. Charles VII lui accorda le 7 avril l'amortissement de trente livres de rente données par Gilbert de la Fayette, chancelier et grand maréchal de France pour la fondation d'une chapelle dans l'église abbatiale (4). Il lui confirma au mois d'avril 1434 tous les biens et revenus de son abbaye, et y ajouta une sauvegarde. Il consentit à l'échange du prieuré de Saint-Cirgues contre celui de Monistrol-d'Allier en 1429. Le pape Nicolas V l'autorisa, en 1450, à relever de toute excommunication, suspense et interdit tous les moines de la Chaise-Dieu, à la réserve de l'homicide (5). Il reçut du prieur Gui Marchet un beau reliquaire d'argent du poids de trois marcs trois onces et onze deniers renfer-

(1) *Gallia Christiana*, t. II, col. 368.

(2) La formule du serment se lit dans *l'Histoire de l'abbaye* par F. GARDON, édition Jacotin, p. 179, le Puy, 1912.

(3) Bulle datée de Florence.

(4) La Fayette fonda le 30 juillet 1448 une autre chapelle (PAYRARD, *Nouvelle série de mélanges historiques*, t. I, p. 301).

(5) PAYRARD, op. cit., t. I, p. 301.

mant du fer du gril de saint Laurent et un morceau de la porte dorée de Jérusalem. Il donna quarante écus pour faire célébrer tous les ans la fête de saint Michel sous le rit double. A sa prière, le roi Louis XI amortit sans frais plusieurs biens du couvent en 1464. Enfin, après avoir fondé son propre anniversaire le 5 de chaque mois, Hugue résigna son abbaye en 1465 à son neveu Raynaud de Blot, sous réserve d'une pension viagère.

Il était à Chanteuge le 2 août 1478, quand Dieu le rappela à lui ; on l'enterra dans l'église de la Chaise-Dieu, du côté de l'épître. Il a laissé le souvenir d'un bienfaiteur et d'un religieux exemplaire. On lui doit le corps du logis abbatial et le grand aigle du chœur (1).

Les statuts rédigés par l'un de ses prédécesseurs, Jean de Chandorat, avaient reçu son approbation que confirmera plus tard Jacques de Saint-Nectaire (2). Son sceau se détache sur un fond treillissé ; l'arcade se changera bientôt en niche à deux compartiments ; un personnage debout, coiffé de la mitre, occupe la niche principale, tandis que l'abbé, mitré et crossé, est agenouillé dans une niche inférieure. Ses armes sont sculptées aux clefs de voûte.

6° MARGUERITE, vivante en 1393.

7° ATHELINE OU ALIX, qui épousa par contrat du 7 août 1404 *Nicolas de la Roche*, chevalier, seigneur de Tournoël, Miremont, Cébazat, Châteauneuf et Saint-Gervais, fils de Hugue, grand maréchal de la cour de Rome, gouverneur du Comtat-

(1) *Histoire de l'abbaye de la Chaise-Dieu*, p. 179-183.
(2) *Ibid.*, p. 106.

SCEAU DE JEAN DE CHAUVIGNY DE BLOT
Collection Clairambaut (Arch. Nat.)

SCEAU
DE HUGUES II DE CHAUVIGNY DE BLOT
Arch. Nat. : J. 164 n° 47

CONTRE-SCEAU

SIGNATURE DE GILBERT DE CHAUVIGNY
Archives de l'Allier A 137

Venaissin, capitaine général de la Basse-Auvergne et de Dauphine Roger de Beaufort, sœur du pape Grégoire XI.

VI

Jean III de Chauvigny de Blot, chevalier, seigneur de Blot, le Vivier, Montmorillon, Rosière, Salpalaine, Saint-Gal, Montespedon, épousa par contrat du 6 avril 1406 (1), *Dauphine*, dame *de Bonnebauld*, Reterre et la Condemine, fille unique de Jean, chevalier de l'Ordre de l'Ecu d'or ou de l'Espérance de Bourbon, et d'Isabelle de Montmorin. Elle lui apporta les terres de la Condemine près de Buxières-la-Grue, de Reterre en la châtellenie de Combrailles, et de Bonnebauld. Il reçut foi et hommage de Jean Vehanora, écuyer, seigneur de Bellevue le 28 mai 1410. Le 7 juillet 1416, il passa transaction au nom de sa sœur avec les héritiers de Châtel-Montagne.

Il eut des différends pour ses terres de Berry avec Gui de Chauvigny, baron de Châteauroux. Un accord intervint le 31 mai 1420. Il suivit le parti de Charles VII, l'accompagna en Languedoc, et signa les lettres de rémission accordées par le prince aux habitants de Montauban pour fait de billonnage au mois de janvier 1421 (2). Il fit, le 27 mai 1437, un partage avec Isabeau de Chauvigny, dame de Nades, sa sœur utérine. Il testa en 1443, instituant pour héritier universel son fils Hugue,

(1) *Généalogie de la Maison de Chauvigny*, p. 11 et Archives du Lot, F 336, liasse (Note sur la famille de Bonnebauld).

(2) *Histoire générale de Languedoc*, t. IV, p. 455.

qu'il chargea de faire célébrer un service dans l'an de son décès et d'y faire assister quatre prêtres et de leur donner à chacun cinq sous, plus à déjeuner. Parmi ses autres legs on remarque l'établissement de treize filles pauvres. Ses exécuteurs testamentaires furent l'abbé de la Chaise-Dieu, Godefroy de Montmorin, abbé de Menat; Jean de Langeac, sénéchal d'Auvergne et messire de Vaudenay, seigneur de la Motte-Seuly (1). Il fut enterré dans la chapelle Saint-Michel de Blot (2).

Ses enfants sont :

1° JACQUES, marié, par contrat du 28 février 1431 (3), à *Jeanne de Chauvigny*, dame de Saint-Gérand-de-Vaux et Saint-Germain-des-Fossés, fille de Jean II dit de Nades et de Catherine de Saint-Germain. Il mourut sans postérité, et sa veuve prit une seconde alliance vers 1440 avec Philippe de Bourbon-Montpeyroux.

2° HUGUE, qui suit.

3° MARTIN, chevalier, seigneur de Bonnebauld, Reterre, Vaux et Montmorillon. Chambellan du duc Jean de Bourbon, il rendit foi et hommage en 1449 pour ses terres de Reugny, de Saint-Angel et de Chamblet, pour les bois de la Frette et de la Forêt dans les châtellenies de Hérisson, Murat et Montluçon. Vers 1460, son neveu Louis de Chauvigny prit d'assaut et pilla son château de Bonnebauld, où il enleva 2.200 écus d'or. Martin, qui était chambellan de Jean, duc de Bour-

(1) *Généalogie de la Maison de Chauvigny*, p. 13-15.
(2) *Ibid.*
(3) *Ibid.*

bonnais et d'Auvergne, réclama sa protection. Ce prince, se rendant médiateur entre l'oncle et le neveu, leur fit signer un traité de paix en sa présence, en la cour du roi au château d'Amboise, le 3 novembre 1469. Martin vendit son château peu après à Antoine de Langeac, prévôt du chapitre de Brioude.

Par contrat du 7 mai 1447 (1), il avait épousé *Philiberte de la Palisse*, dont il n'eut pas de postérité. Devenue veuve, elle vendit Montmorillon à Roffed de Balzac.

4° Pierre, chevalier de Rhodes.

5° Isabeau, dame de la Condemine, Bussy et Souternon, qui épousa, par contrat du 26 mai 1433, *Paillart* ou *Pierre*, seigneur *d'Urfé* et de la Bastie, bailli de Forez, capitaine des gens d'armes des ordonnances du roi, fils de Jean et d'Eléonore de Saint-Marcel. Tous deux cédèrent au duc de Bourbon, le 8 août 1437, la seigneurie de la Condemine et reçurent en échange celle de Bussy et moitié de celle de Souternon. Pierre d'Urfé fit foi et hommage le 10 mars 1440 au duc de Bourbon pour les biens de sa femme. Il mourut en 1443. Sa veuve renonça au bénéfice de l'échange de 1437, rendit Bussy et Souternon et reprit la Condemine.

6° Marguerite, religieuse.

7° Anne, abbesse de La Vaudieu (2), et ensuite, dès 1476, abbesse de Cusset (3).

(1) *Généalogie de la maison de Chauvigny*, p. 13.
(2) La Vaudieu, Haute-Loire, arrond. et cant. de Brioude. Prieuré de femmes dépendant de la Chaise-Dieu.
(3) *Gallia Christiana*, t. II, col. 386.

VII

Hugue de Chauvigny de Blot, chevalier, baron de Blot, Seigneur du Vivier, Saint-Gal, Salpalaine, Montespedon et Vaux, conseiller et chambellan du roi, gouverneur de la Bastille, et commandant de la noblesse aux bailliages de Saint-Pierre-le-Moutier et de Montferrand (en 1466), procureur général du duc de Bourbon en Languedoc depuis le 5 juillet 1466 (1), naquit vers 1410. La chronique de Louis XI le qualifie homme « de grande conduite (2). » Il épousa, en février 1445, *Catherine Motier de la Fayette*, dame de Saint-Agoulin, fille du maréchal de France Gilbert de la Fayette et de Jeanne de Joyeuse. Ayant été pris par les Anglais, sa rançon fut fixée à mille saluts d'or que son père paya. En 1456, Charles VII, de passage au Châtelard près d'Ebreuil, ayant fait arrêter le duc d'Alençon, confia à Hugue de Chauvigny la garde de ce prisonnier d'importance. Le 15 mars 1458, Jean, duc de Bourbonnais, le créa sénéchal d'Auvergne à la place de Blaise Loup, seigneur de Beauvoir. Il le commit le 24 décembre 1461 pour convoquer les trois Etats, charge qui devait passer à ses successeurs. Hugue obtint, le 22 août 1464, les provisions de capitaine du château de Nonette par lettres ainsi conçues : « *Pour attraire à nous et à notre service et familiarité le dit chevalier, considérant que ses prédécesseurs ont été*

(1) Titres de la maison de Bourbon.

(2) *Journal de Jean de Roye connu sous le nom de Chronique scandaleuse*, édit. de Mandrot, 1894, Paris, in-8°, t. I, p. 159.

par ci-devant de longue et grande ancienneté serviteurs de notre maison constitués en grands états, offices et prééminence. » Le 11 décembre 1465, le roi lui accorda des lettres de conseiller d'Etat d'épée, puis le 1er février, Jean, duc de Bourbonnais, le subrogea, avec l'agrément de Louis XI, à la charge de lieutenant-général « *en considération des grands, longs et notables services que ses prédécesseurs et lui ont par ci-devant faits à la couronne de France et aussi à notre maison tant ès faits de guerres contre les anciens ennemis et adversaires de ce royaume, que autrement en maintes manières dignes de mémoire et grandes recommandations* ». Il fit la montre et revue des nobles et autres mis en armes au pays d'Auvergne, bailliage de Saint-Pierre-le-Moutier et Montferrand, et en dressa le catalogue au mois d'avril 1466, par lequel on voit que la gendarmerie et les troupes légères d'Auvergne étaient alors sous les ordres de quatre capitaines, savoir dudit seigneur de Blot et des seigneurs de Montboissier, d'Alègre et Rochefort d'Aly. Le 19 mai suivant, le roi le fit capitaine et gouverneur de la Bastille Saint-Antoine à la place du seigneur de la Borde.

Monstrelet en a fait mention dans ses chroniques (1). Ce choix, dit-il, fut applaudi pour l'opinion qu'on avait de la conduite dudit seigneur de Blot. M. Duclos, dans son *histoire de Louis XI*, l'a nommé Chavigny, seigneur de Blot (2). Par commission du 17 septembre 1467, il obtint la charge et le commandement de cent lances et deux cent cinquante briga-

(1) *La Chronique d'Enguerran de Monstrelet en deux livres*, édition L. Douet d'Arcq, Paris 1860, in-8°, t. IV, p. 311.

(2) Duclos, *Histoire de Louis XI*, Paris 1745, in-12, t. II, p. 34.

diers, ce qui ne s'accordait qu'aux personnes de la plus haute qualité, ordinairement riches et en état de faire de la dépense pour bien entretenir leurs compagnies, comme l'a observé le P. Daniel dans le quatrième livre (1) de sa *milice française*, chapitre II. La même année, le roi tint l'assemblée des Etats généraux à Tours, où notre Sénéchal garda la porte du parquet qui répondait à la salle avec le frère du Bellay. Il avait déjà fait son testament en date du 7 janvier 1468, dans lequel on voit quantité de legs pieux, un entre autres à l'église de Châteauroux-en-Berry. Il fut acquitté par le bâtard de Blot qui se transporta sur les lieux et en rapporta la quittance. L'an 1459, comme il venait d'être créé sénéchal d'Auvergne, il fut requis par les consuls de Riom de prêter le serment de respecter les privilèges de la ville, mais il leur répondit par un refus pur et simple, disant que l'obligation du serment n'étant nullement certaine ni prouvée et lui ne voulant pas, en le prêtant sans y être obligé, préjudicier aux droits de son maître, il entendait surseoir jusqu'au commandement du duc (2). Il mourut à Riom vers 1468 et fut inhumé dans l'abbaye de Menat ; le clergé de Riom avec les religieux des couvents de la ville l'accompagna jusqu'au pont de Saint-Bonnet-las-Champs (3). Il laissa onze enfants :

1° Louis, mort sans postérité après 1471 (4). Il était neveu de Pierre de Courcelles, seigneur de Saint-Liébault (5),

(1) Daniel, *Histoire de la Milice française*, Paris 1721, in-4°, t. I, p. 220 et 222.
(2) Archives de Riom, FF 5.
(3) *Ibid.*, G G 110.
(4) *Généalogie de la Maison de Chauvigny*, p. 21.
(5) Aujourd'hui Estissac (Aube).

quand il acheta (en 1462) le tiers de la terre de Dierrey-Saint-Julien et de Moirey (1).

2° Gilbert, qui suit.

3° Raynaud, 34e abbé de la Chaise-Dieu, depuis 1465 (2). Il y avait dix ans qu'il remplissait les fonctions d'infirmier quand son oncle le choisit pour son successeur. Entre autres vertus il se faisait remarquer par sa bienveillance dans l'exercice de l'hospitalité et par son zèle pour l'observance de la régularité. C'est lui qui fit faire les habits d'or en onze pièces provenant de la succession d'un moine. On lui doit aussi un tonneau gigantesque contenant la charge de trois mulets, avec ses armes en relief au frontispice. Il fit construire une partie du réfectoire qui ne fut achevé que par son successeur. Il autorisa l'union du prieuré de la Ville-Dieu à la mense conventuelle, union motivée par le peu de revenus de celle-ci, en 1477. Il fonda une messe par mois pour son âme, le 29 octobre 1479 (3). Il permit au prieur Bérald Belonis de renfermer plusieurs reliques dans des châsses nouvelles. Il mourut le 9 mai 1491 et fut enterré le lendemain devant les chaires diaconales près du maître-autel (4).

4° Michelle, mariée le 20 juin 1468 à *Louis de Culan*, chevalier, seigneur de Saint-Désiré et de Mirebeau, chambellan du roi, gouverneur de Berry, fils de Charles, grand-maître de l'hôtel du roi et de Béléasse de Sully. Veuve à la fin de 1486, elle eut la garde-noble des enfants, au nom de qui elle rendit

(1) Archives de l'Aube, E 507.
(2) *Gallia Christiana*, t. II, col. 347.
(3) Payrard, *op. cit.*, t. I. P. 302.
(4) *Histoire de l'Abbaye de la Chaize-Dieu*, p. 185.

foi et hommage pour Mirebeau en 1488 et pour Saint-Désiré en 1497 et le 21 décembre 1499.

5° Gabrielle, mariée vers 1465 à *Guillaume de la Roue*, chevalier, seigneur de la Roue, Montpeloux, Saint-Anthème, la Chaux et Usson, fils de Claude et de Billette de Tournon. Il testa le 17 juin 1517, âgé de plus de 90 ans.

6° Louis, de l'ordre de saint François, visiteur des Sœurs de Sainte-Claire.

7° Jean, du même ordre.

8° Françoise, abbesse de Montbrison (1).

9° Catherine, qui, du couvent de Cusset, se retira pour vivre plus austèrement dans celui de Sainte-Claire de Moulins.

10° Gabrielle, religieuse du couvent d'Aigueperse.

11° Gilberte.

C'est de cet illustre chevalier et de Catherine de La Fayette que sont descendues les différentes branches de la maison de Chauvigny, du Vivier et de Blot en Auvergne, et de Salles en Bourbonnais. La branche de Saint-Agoulin en était aussi sortie; comme elle s'est distinguée par ses alliances et ses services, j'en donnerai également la généalogie.

VIII

Gilbert de Chauvigny de Blot, premier du nom, chevalier, baron de Blot, seigneur du Vivier, Saint-Gal, Salpalai-

(1) *Gallia Christiana*, t. IV, col. 818.

Cliché Béguin

ABBAYE DE LA CHAIZE-DIEU

Cheminée aux armes de l'Abbé de Chauvigny de Blot

ne, Vaux, Montespedon, Saint-Agoulin, la Dure, Mirebeau et Nassigny, page des écuries du roi, chambellan du duc de Bourbon en 1478, grand veneur et capitaine général des eaux et forêts de la terre de Montaigu-lès-Combrailles en 1521, naquit vers 1450 et mourut probablement en 1531. La plupart de ses enfants renoncèrent à sa succession. Il épousa par contrat du 14 avril 1478 *Catherine Loup de Beauvoir*, fille de Jacques et de Jeanne de Lévis. Gilbert transigea le 28 avril 1478 avec Louis, seigneur de Culan, qui lui donna quittance finale de la dot de Michelle sa femme, sœur de Gilbert. Il obtint pareille quittance le 22 mai 1521 de Guillaume de la Roue pour la dot de Gabrielle de Chauvigny, autre sœur de Gilbert. La veille il avait été nommé grand veneur du duc de Bourbonnais et d'Auvergne. La charge de capitaine des eaux et forêts lui fut conférée par Anne, duchesse de Bourbonnais, continuée par le connétable Charles de Bourbon et par Louise, duchesse d'Angoumois, Anjou et Bourbonnais, et mère du roi, par lettres du 27 janvier 1527. Gilbert vécut cinquante-trois ans avec sa femme et eut vingt-trois enfants. Nous en connaissons onze, ce sont :

1° Jean, qui suit.

2° Antoine, auteur de la branche du Vivier, seule subsistante.

3° Gabriel, abbé d'Ebreuil en 1530. Il résigna son abbaye à son neveu Georges.

4° Louis, religieux, provincial des Cordeliers et confesseur de la reine.

5° Jacques, seigneur de Saint-Agoulin, chevalier de Rhodes, lequel rendit foi et hommage en 1522.

6° François, chevalier de Rhodes.

7° Annet, protonotaire du Saint-Siège, prieur de Montferrand, de Chantelle et de Montluçon.

8° Pierre, auteur de la branche de Blot-l'Eglise.

9° Anne, prieure de Marsat (1).

10° Marie, mariée par contrat du 5 mai 1506 à *Louis d'Arçon*, écuyer, seigneur de la Motte-d'Arçon et du Bérat, fils de Bertrand et de Gabrielle du Buysson.

11° Péronnelle, mariée en premières noces, vers 1510, à *François de Culan*, écuyer, seigneur de Châteauviolet, Boisgrenon et Saint-Julien, fils de Jean, seigneur de Châteauneuf et d'Anne de Gaucourt; elle se remaria par contrat du 19 janvier 1515 à *Gilbert de Chaugy*, écuyer, seigneur d'Urbize, veuf de Suzanne de Marrey.

IX

Jean IV de Chauvigny de Blot, baron de Blot-le Château; il est le premier à partir duquel furent distinguées et séparées les seigneuries de Blot-le-Château, et de Blot-l'Eglise. Il naquit vers 1480 et mourut avant 1548. La succession de son père étant très obérée et ses ressources personnelles des plus minces, il crut devoir la répudier. En tout et pour tout il reçut pour droit d'aînesse le vieux château de Blot-le-Château, berceau de la famille avec justice haute, moyenne et basse et 200 livres de rente. Il en résulta que ses descendants, bien que les aînés de

(1) *Généalogie de la Maison de Chauvigny*, p. 23.

la famille, furent toujours peu fortunés et vécurent modestement, à ce point que les généalogistes ne les citent même pas. Le château tomba peu à peu en ruines, et, dès le règne de Louis XIV, il était démantelé, ses trois enceintes écroulées, l'entrée de ses immenses souterrains obstrués et ses débris recouverts en chaume comme les maisons des paysans de la contrée. Jean épousa vers 1510 *Gabrielle des Forges* dont un fils, François, qui suit.

X

François de Chauvigny de Blot, chevalier, marié vers 1550. Le 12 août 1564, François procéda au partage de la terre de Blot avec son oncle Pierre de Chauvigny, et il consentit à n'en avoir que ce qu'il en fallait pour l'assiette des 200 livres de rente qui lui étaient réservées avec le château. Il laissa un fils Gilbert.

XI

Gilbert II de Chauvigny de Blot, chevalier, baron de Blot-le-Château, seigneur de Sainte-Christine en 1616, habitait Riom en 1607 et 1612 et décéda le 14 décembre 1632. Comme représentant de la branche aînée de la famille, il eut en 1606 un procès contre son oncle à la mode de Bretagne, Claude de Chauvigny de Blot. Il se plaignait que celui-ci empiétât sur ses droits d'aîné en signant « Blot » tout court, au lieu de « de Blot » ou « de Blot-l'Eglise, » comme le faisait son père ; — 2° qu'il portât les armes sans brisures, au lieu d'y ajouter, comme son père, des étoiles ou toute autre marque à son choix. Le défendeur répondait que le grand-père de Gilbert ayant renoncé à la succession de son père avait, par là même, perdu son droit d'aînesse, tandis que son père à lui, Pierre de Chauvigny, seigneur de Blot-l'Eglise, l'ayant acceptée et ayant payé toutes les dettes avec la fortune de ses deux femmes s'était acquis le droit contesté « *et tous les avantages dus au premier (né) pour avoir relevé l'honneur de la maison en se déclarant héritier pur et simple d'icelle.* » Cela était encore prouvé par le seul fait que le demandeur, à part le château de Blot, n'avait plus rien des biens de la famille, tandis que lui défendeur en possédait plus des trois quarts. A cela Gilbert répliquait que, s'il ne possédait que le château avec sa baronnie et sa justice, ce château « n'était pas si vieux ni de si peu de marque » qu'il ne valût presque autant que tout ce que son adversaire possédait. Le fait, ajoutait-il, de posséder les biens et l'argent n'avait jamais donné le droit contre le droit ; jamais il n'y avait eu de renonciation au droit faite par lui ou par ses auteurs ; si même il y en avait eu, le défendeur ne s'en pourrait prévaloir, puisqu'alors le droit d'aînesse passerait non à lui, mais au rameau du Vivier qui le primait encore. Enfin, Pierre de Chauvigny, père du défendeur, n'avait jamais eu la moindre prétention à l'aînesse, il se qualifiait toujours seigneur de Blot-l'Église, et signait de Blot, ce qui indiquait qu'il était parti de la dite maison et n'était pas Blot purement et simplement. Il avait raison et le fait d'être très riche ne donnait pas de droits à son adversaire. Le 11 avril 1607, Just de Tournon, sénéchal d'Auvergne, rendit à Riom un arrêt par lequel la demande de Gilbert était pleinement accueillie. Seul il pourrait signer Blot tout court; seul il garderait les armes pleines de sa maison. Claude devrait se qualifier seigneur et baron de Blot-l'Eglise, signerait de Blot et ajouterait à son blason les étoiles qu'y mettait son père « si mieux n'aime y mettre aultre diversité. »

Gilbert épousa, le 6 décembre 1604, Péronnelle ou *Françoise de la Ganne*, qui lui donna :

1° Péronnelle, baptisée à Riom le 22 août 1612 (1).

2° Charles qui suit.

3° Michelle, mariée le 10 mars 1640 à *Blaise de Floquet*, écuyer, seigneur de Chaméane, fils de Pierre et de Marie-Françoise de Ponchon.

XII

Charles de Chauvigny de Blot, chevalier, baron de Blot-le-Château, seigneur de Sainte-Christine, Château-Guillon et Neuf-Eglise, naquit vers 1615 et se maria vers 1650. Il rendit foi et hommage pour la terre de Sainte-Christine en 1669 et en 1683. Il eut une fille qui fut la dernière de la branche aînée de sa maison, Gasparde, dame de Blot-le-Château, Château-Guillon, Sainte-Christine et Neuf-Église. Elle épousa, par contrat du 13 septembre 1686, son parent Amable de Chauvigny de Blot, baron de Blot-l'Église, veuf de Françoise de Roux de Pomone, fils de César et d'Anne de Brugier du Rochain. Par leur contrat, Charles, père de la future, fit donation à son futur gendre de Blot-le-Château qui fut ainsi réuni dans la

(1) Archives de Riom, GG 17.

même main que Blot-l'Eglise après un siècle et demi de séparation. Il lui donna également Sainte-Christine et quatre domaines à Neuf-Eglise, à la condition que Blot appartiendrait au fils aîné issu du premier lit d'Amable de Chauvigny. Ce fut ce dernier cas qui se réalisa, Gasparde de Chauvigny n'ayant point eu de postérité, ses terres devinrent la propriété de son beau-fils Gilbert 1er.

Charles de Chauvigny eut trois bâtards : Gilbert, auquel il assura 4.000 livres par le contrat de sa sœur ; Pétronille et Marie à chacune desquelles il donna 3.000 livres par le même contrat.

BRANCHE DU VIVIER

IX bis

Antoine de Chauvigny de Blot, chevalier, seigneur et baron du Vivier, seigneur de Saint-Agoulin et Salpalaine, était le second fils de Gilbert Ier et de Catherine Loup de Beauvoir. Il naquit vers 1485, fut admis parmi les pages des écuries du roi et devint chambellan du duc de Bourbon. Il épousa, par contrat du 17 décembre 1511, *Françoise du Gué de Persenat*, fille de Gilbert, chevalier, seigneur de Persenat et des Ternes, sénéchal de Lyon, et d'Alix de Murols. La donation de la terre du Vivier fut ratifiée en sa faveur par son père le 27 novembre 1532. Il transigea le 22 septembre 1556 avec son frère Pierre. Il eut douze enfants :

1° Gilbert qui suit.

2° Georges, doyen d'Ebreuil, nommé en 1552 par résignation de son oncle Gabriel (1). Il dut aliéner en 1564, pour répondre aux exigences fiscales du roi, la partie haute, moyenne et basse du village de Vacherousse, prés du Châtelard. Cinq ans après, ayant été taxé d'une nouvelle subvention au capital de huit écus de rente et ne pouvant acquitter cette

(1) Boudant, *Histoire de la Ville, du Château et de l'Abbaye d'Ebreuil*, Moulins 1865, in-4°, p. 45, dit que Georges était frère de Gabriel.

charge, il vendit immédiatement le pré des Tartons et quarante journaux de bonnes terres qui y étaient contiguës (1). Il mourut en 1593.

3° Gabriel, doyen d'Ebreuil.

4° Christophe, seigneur de Saint-Agoulin, mort en 1576 sans postérité, laissant la terre de Saint-Agoulin à son frère Robert.

5° Marie, mariée le 27 juin 1555 *à Bonaventure de Beaucaire*, écuyer, seigneur de Bouillers ;

6° Isabeau, mariée par contrat du 15 juillet 1566 à *Jacques de Fougières*, écuyer, seigneur du Creux, capitaine du château d'Hérisson.

7° Madeleine, prieure de Notre-Dame de Maringues.

8° Gabrielle, religieuse de Sainte-Claire d'Aigueperse.

9° Anne, religieuse à Pontarlier.

10° Françoise, célibataire.

11° Robert, seigneur de Jazet, puis de Saint-Agoulin.

12° Jacques, chevalier de Saint-Jean de Jérusalem, né en 1543, commandeur de Courtesserre, de la Forêt, Tartebesse et la Charbonnière, puis de la Pèze de 1573 à 1594. Il fut ensuite grand bailli de Lyon, général des galères de Malte et général de toutes les troupes de l'île en 1603.

Sa belle-sœur, Suzanne de Chaugy, le mit au nombre de ses exécuteurs testamentaires avec son frère Robert, seigneur de Saint-Agoulin et les seigneurs de Saint-Gérand et de Persenat. Le testament est daté du 30 mars 1578. Jacques assista aussi au contrat de mariage de son neveu Jean avec Guyonne

(1) Boudant, *Histoire de la Ville, du Château et de l'Abbaye d'Ebreuil*, p. 15.

d'Alègre et à l'acte de tutelle de leurs enfants mineurs le 12 mars 1613. Il eut une carrière militaire des plus brillantes et des plus actives et se distingua en de nombreuses occasions contre les Turcs et les Barbaresques. En 1601 il prit et brûla Passava en Morée, où il fit plus de quatre cents prisonniers. Il prit en 1603 Patras et Lépante (1) et mourut, croit-on, peu après.

X

Gilbert I de Chauvigny de Blot, chevalier, baron du Vivier, seigneur de Jazet, Salpalaine, Chenay, Urbize et Bosrond, né vers 1512, chevalier de l'Ordre du roi en 1566 (2), épousa par contrat du 21 août 1554 *Suzanne de Chaugy*, dame de Chenay et d'Urbise, née en 1532 de Pierre, seigneur de Chenay, la Lière, la Roche-Chaffault, Cossage, Onlay et Pron et de Jacqueline de Vitry-la-Lière.

(1) De Vertot, *Histoire des Chevaliers-Hospitaliers de Saint-Jean de Jérusalem*, t. V, p. 135 et t. VII, p. 113 et Palma-Cayet, *Chronologie septenaire*, p. 427, édition du Panthéon littéraire.

(2) Lettre du roi à Gilbert, baron du Vivier : « M. du Vivier, les chevaliers de mon ordre étant ici près de moi, ont avisé de vous élire et associer en la Compagnie des chevaliers du dit ordre, pour laquelle élection vous notifier à vous présenter de ma part le collier du dit ordre, si vous l'avez agréable. J'envoie présentement mémoire et pouvoir à M. de Punsac, vous priant, M. du Vivier, vous rendre devers lui pour cet effet, et être content de l'honneur que la Compagnie désire vous faire, qui sera pour augmenter de plus l'affection et bonne volonté que je vous porte, et vous donner occasion de persévérer en la dévotion qu'avez de me rendre service, ainsi que vous fera plus amplement entendre de ma part le dit sieur de Punsac, à ce que je vous prie d'ajouter sur ce autant de foi que vous feriez à moi-même, priant Dieu, M. du Vivier, qu'il vous ait en sa sainte-garde. »

Ecrit à Plessis-lès-Tours, le 30e jour de septembre 1569. Signé : Charles, et plus bas, Brulard (Archives de M. le Comte de Chauvigny de Salles).

Il testa le 22 août 1582 (1), donnant en préciput à son fils aîné le quart de ses biens et mourut en 1591. Ses enfants furent :

1° JEAN qui suit.

2° AYMARD, prévôt de la collégiale Saint-Pierre de Mâcon, pourvu de cette dignité par le pape Grégoire XIII en mai 1581 et reçu sur ses preuves de noblesse le 29 janvier 1583, après le décès de François de la Guiche. Ses armoiries étaient : *écartelé aux 1 et 4 de sable, au lion d'or, armé et lampassé de gueules, aux 2 et 3 d'or à trois bandes de gueules, à la bordure de sable engrêlée d'or* (2). Il était remplacé en 1589 (3).

3° JACQUES, homme d'armes des ordonnances du roi, lequel laissa d'une alliance inconnue une fille Anne, mariée vers 1600 *à Louis de Rollat* (4), écuyer, seigneur de Brugheas.

XI

JEAN DE CHAUVIGNY DE BLOT, chevalier, baron du Vivier, seigneur de Jayet, Salpalaine, Chenay, Beaudéduit et Urbise, né vers 1555, se distingua le 14 mars 1590 à la bataille de Cros-Rolland et à la prise d'Issoire (5). Par contrat du 28 avril et du

(1) Le 23 août, d'après de Ribier, *Preuves de noblesse des Demoiselles d'Auvergne admises dans la maison de Saint-Cyr*, Paris, 1912, in-8°, p. 80.

(2) A. MARTINET, *Armorial du chapitre noble des chanoines séculiers de Saint-Pierre-de-Mâcon* nommés de 1559 à 1689, Autun 1896, in-8°, p. 68-69.

(3) *Ibid.*, p. 213.

(4) M. GRÉGOIRE, *Le Canton de Chantelle*, p. 333.

(5) J. de MÉZERAI, *Histoire de France*, Paris, in-fol., édit. de 1651, p. 804.

20 novembre 1591 (1), il épousa *Guyonne d'Alègre*, fille de Gaspard, seigneur de Viverols, chevalier de l'Ordre du roi, et de Charlotte de Beaucaire de Puy-Guillon (2). Les nouveaux époux furent attachés au service de la reine douairière, Jean en qualité d'écuyer, par lettres du 5 septembre 1597, et Guyonne comme Dame d'honneur le 20 décembre suivant. Jean acquit de Gilbert de Saint-Quentin, par contrat du 4 novembre 1600, la terre de Salpalaine avec déclaration que le prix provenait de la constitution de la dot de Guyonne. Il mourut le 20 février 1612. Sa veuve rendit compte le 16 mars 1620 devant le sénéchal d'Auvergne à Catherine, Blain, Claude, Charlotte, François, Gilbert et Philippe de Chauvigny, ses enfants, de la tutelle qu'elle avait gérée de leurs personnes et de leurs biens, depuis le 2 mars 1612 (3).

1° Catherine, mariée le 9 décembre 1613 *à Laurent de Tenay*, baron de Montanel et de Saint-Christophe en Bourgogne, gentilhomme ordinaire de la chambre du roi. Tous deux contribuèrent, en 1628, à la rançon de Claude, leur frère et beau-frère.

2° Claude, chevalier de Malte, commandeur d'Ollois. Il fut pris par les corsaires de Barbarie en 1628 et emmené en esclavage à Tunis. Ses frères et sœurs se cotisèrent pour faire sa rançon qui s'élevait à 6540 livres et passèrent à cet effet un acte à la date du 21 juillet 1628 (4).

3° Blain, auteur de la branche de Salles (XII bis.)

(1) 1590, d'après de Ribier, p. 80.
(2) Archives de l'Allier, B 733.
(3) De Ribier, *ibid.*
(4) Archives du château d'Avrilly.

4° Gilbert qui suit.

5° Charlotte, religieuse à Marsat, puis abbesse de Sainte-Croix d'Apt, qui mourut en odeur de sainteté, en 1637, après avoir gouverné son monastère avec une sagesse remarquable pendant quarante-six ans. On lisait sur son tombeau cette épitaphe si élogieuse : « Ci-gît la mère des pauvres, dame Charlotte de Chauvigny de Blot. Elle n'eut de féminin que son sexe. Elle fut forte dans toutes les situations dès son enfance, généreuse, secourable aux pauvres, illustre par sa naissance, remplie de rares mérites, très charitable envers tous. Elle consolida le couvent qui depuis cinquante ans tombait en ruines, le rétablit par ses pieuses économies, et le dota de revenus. Sa renommée si solidement fondée ne saurait périr. Elle a enfin par sa bonté recueilli bien des fruits de salut : elle a prêté au Seigneur ainsi jusqu'à plus de quatre-vingts ans (1). »

6° François.

7° Philippe, co-seigneur de Beaudéduit et de Chenay, il fut l'un des signataires de l'acte du 21 juillet 1628 et mourut sans alliance avant 1630, laissant sa mère pour héritière.

XII

Gilbert II de Chauvigny de Blot, chevalier, baron du Vivier, seigneur de Jayet, Salpalaine, Beaudéduit en partie et du Darrot, naquit le 12 décembre 1592 et mourut le 9 décembre 1654.

(1) Paul Gabent, *Les Illuminés ou Anticoncordataires de l'ancien diocèse de Lombez*, Auch, 1906, in-8°, p. 11.

Il avait vendu, après 1600, le château de Vernéjoux en Limousin, à Françoise d'Anglars, épouse de Jacques de Saint-Nectaire. Il épousa par contrat du 16 août 1616, réalisé le 21 mars 1617, Eléonore ou *Léonarde de Thomassin-Montmartin*, fille de Jean, baron de Mirebeau, seigneur de Boussé, chevalier de l'ordre du roi, et de Louise de Bourbon-Busset. Elle fut mère de Louis de Chauvigny de Blot, chevalier, baron du Vivier, lequel mourut avant 1687 sans alliance. Il laissa de Marguerite Peyrat ou Peyron, qualifiée « honnête fille » au contrat de sa fille, une bâtarde, Marie, mariée en premières noces par contrat du 18 août 1687, et du 4 septembre 1693 *à Louis Martinon*, bourgeois d'Artonne. Dans ce contrat il était spécifié que la future renonce à tous droits sur le château du Vivier, si elle en a, moyennant une dot de 1200 livres reversible à la famille de Chauvigny, en cas qu'elle ne laisse pas d'héritiers de son sang (1). Elles épousa en secondes noces par contrat du 29 janvier 1698 *Jean-Louis de Taconnay*, écuyer, seigneur de Fontjean, fils de Jean, seigneur de Montaignier et d'Isabeau du Chemin (2).

2°. Charles qui suit.

3° et 4°, deux filles religieuses à Sainte-Croix d'Apt.

XIII

Charles, chevalier, baron du Vivier, seigneur de Salpalaine, le Darrot, Turquet, Saint-Pardoux et la Villette, né

(1) Archives de l'Allier, B 746.
(2) Archives de l'Allier, B 747.

vers 1639 (1) et vivant en 1701. Il épousa par contrat du 18 octobre 1678, à Riom, sa parente Marie-Diane de Chauvigny de Blot, dame de Pouzol et de Montespedon, fille de défunt César, baron de Blot-l'Eglise, Montespedon, Lacronay et Saint-Pardoux, et de feu Diane de Brugier du Rochain. En 1680-1690 il était tuteur des enfants mineurs de Joseph de Saint-Julien (2). L'intendant de Nointel parle de lui dans son mémoire sur la généralité de Moulins en 1697. « Les sieurs de Chauvigny de Blot, du Vivier, de Saint-Agoulin et de Salles, dont les ancêtres ont fondé l'abbaye de Menat, sont d'une des plus illustres maisons de la province, alliés aux anciens sires de Bourbon, mais peu riches, si ce n'est le sieur du Vivier, qui peut avoir 6.000 livres de rente. »

En 1700, Charles rendit foi et hommage au nom de sa femme, pour la terre de Pouzol, que celle-ci venait d'hériter de son oncle Gilbert de Chauvigny. Il fut inscrit en 1701 à l'armorial général, négligea de comparaître et reçut un blason d'office (3). Il mourut vers 1710. Le 24 février 1711 sa veuve partagea sa succession avec ses enfants, Gilbert l'aîné résidant au château du Darrot, paroisse de Saint Quentin ; Amable; Marie-Anne, épouse de Jacques de Saint-Julien ; Françoise, demeurant tous au château du Vivier, le dit de Saint-Julien représentant Gilbert, capitaine au régiment de Lyonnais-In-

(1) De Woelmont de Brumagne, *Notices généalogiques, première série*, Paris, 1923 in-8°, p. 82.
(2) Archives de l'Allier, B 867, fol. 57.
(3) Registre de Gannat, 131.

fanterie (1). De plus, la veuve vendit en 1716 Pouzol à Jean-Baptiste Salvaing de Boissieux. Ses enfants sont :

1° GILBERT qui suit.

2° UN AUTRE GILBERT, dit le chevalier du Vivier, premier capitaine de grenadiers du régiment Lyonnais, tué au siège de Philipsbourg en 1734.

3° AMABLE, auteur de la branche du Deffend.

4° FRANÇOISE, mariée le 7 novembre 1718 *à Louis de Bonlieu*, chevalier, *comte de Montpentier*, seigneur de Saint-Bonnet et du Jaunay près de Serbannes (2).

5° FRANÇOISE, religieuse à Notre-Dame de Gannat.

6° MARIE-ANNE, mariée en 1710 à *Jacques de Saint-Julien*, marquis de la Rochette et seigneur de Beauregard; fils de Philibert, comte de Beauregard et de Marie-Anne d'Aubusson, veuve dès 1737, retirée dans un couvent de Gannat où elle vivait encore en 1768.

XIV

GILBERT DE CHAUVIGNY DE BLOT, chevalier, dit le Comte du Vivier, seigneur du Darrot, Turquet, Salpalaine, Saint-Pardoux et de Montespedon, naquit vers 1680 et mourut en 1744. Il épousa vers 1710 *Marie Le Vert*, puis le 15 juin 1723, à Paray-sous-Briaille *Marie Estienne*, fille de feu Gilbert,

(1) DE RIBIER, *Preuves de noblesse des gentilshommes auvergnats admis dans les écoles royales militaires*, 1757-1790, Paris, 1909, in-8°, 85-86.

(2) Jaunet ou Jaunay, ou Jouhannel, d'après du Broc de Segange, *ibid.*, p. 196.

sieur de Perrodin et des Criars, habitant du Champ-Follet et de Sylvie Andrivaux, demeurant au château du Champ-Follet. Du premier lit il eut :

1° Marie-Anne, dame du Darrot et Turquet, née à Bosbières le 20 avril 1694, mariée le 26 octobre 1740 à *François de Bosredon*, chevalier, seigneur de Bosbières (1), fils de Gabriel et de Gilberte du Plantadis. Elle testa le 28 octobre 1758.

2° un autre enfant.

Du second lit sont nés :

1° Louis qui suit.

2° Autre Louis, dit le chevalier du Vivier, lieutenant d'infanterie au régiment de Lally, nommé en 1756, embarqué pour l'Inde et mort sans alliance à Pondichéry le 24 mars 1759 (2).

XV

Louis de Chauvigny de Blot, chevalier, comte du Vivier, seigneur de Salpalaine, né à Saint-Quentin le 1er décembre 1726 (3), accordé le 22 septembre 1760 à *Marie-Marguerite de Champs*, fille de Hugues de Champs, écuyer, seigneur des Chers, de Lorrière et de la *Vareille*, et de Marguerite-Agnès de Chauvigny de Blot, demeurant au Château des Chers. De cette union naquirent :

1° Gilbert qui suit.

(1) *Généalogie de la Maison de Chauvigny*, p. 33.
(2) Du Broc de Segange, *ibid.*, p. 196.
(3) De Ribier, *ibid.*, p. 85.

2° Pauline-Fortunée-Françoise, née au Château du Vivier en 1761, reçue le 3 juin 1775 au chapitre noble de Saint-Louis de Metz, mariée en 1776 à Antoine-Charles-Gabriel *de Bernard de Montessus*, comte de Rully, colonel d'un régiment, fils de Charles-François et de Ferdinande-Agathange de Vaudrey, fille d'Eugène de Vaudrey, marquis de Beveuge et de Gabrielle Blisterswick, remariée au mois de mars 1792 à *Louis-Marie-Céleste, duc d'Aumont et de Piennes*, né le 7 septembre 1762 à Paris, premier gentilhomme de la chambre du roi, lieutenant général et pair de France, veuf de Mélanie-Charlotte de Rochechouart, fils de Louis-Alexandre Céleste, duc d'Aumont et de Villequier, pair de France ; Pauline mourut à Paris le 27 août 1829, sans postérité. Elle avait d'abord été attachée à la personne de Madame Adélaïde de France en 1776, puis dame pour accompagner Madame la Duchesse d'Orléans, alors Duchesse de Chartres, qu'elle accompagna en Italie en 1778 ; son contrat de mariage fut signé à Versailles de Leurs Majestés et de la famille royale. Son mari était né au château de Rully en Bourgogne le 3 décembre 1755, il fut officier d'artillerie depuis 1772, capitaine de dragons, attaché au régiment de Chartres en 1776, sous-lieutenant des gendarmes bourguignons avec rang de lieutenant-colonel en 1778, mestre de camp commandant du régiment du Maine-Infanterie depuis 1784. Admis aux honneurs de la Cour le 3 novembre 1785, chevalier de Saint-Louis en 1786, pensionné de 3.000 livres le 12 avril 1785, il reçut une gratification de 2.400 livres le 12 avril 1787, tué à Bastia le 19 août 1790 lors d'une révolte de son régiment du Maine.

Quant au duc d'Aumont, son second mari, il fut colonel en second du régiment de Durfort-Dragons en 1787, du régiment des Volontaires d'Espagne, au service de Sa Majesté catholique, du Royal Suédois, lieutenant général des armées du roi en 1814, commissaire royal en Normandie pendant les Cent jours, chevalier des ordres du roi en octobre 1820, président de la Société des Arts en 1815, l'un des hommes les plus élégants et les plus écervelés de sa génération ; auteur des calèches à la d'Aumont. La duchesse d'Aumont, auteur de deux romans, était jolie, fine, affectée de sensibilité. Ethérée, elle avait désespéré le marquis de Schomberg de ses rigueurs.

3° AUTRE GILBERT, prêtre, grand vicaire de Monseigneur de Fontanges, archevêque de Toulouse, en 1788. Sous la Révolution il se retira au château du Vivier où il eut la chance de n'être pas inquiété. En 1802, les habitants d'Ebreuil adressèrent à l'évêque de Clermont une pétition pour l'avoir comme curé, mais ils ne furent pas écoutés et Gilbert fut nommé curé d'Agonges près de Bourbon ; il y resta jusqu'en 1820 où il se vit appelé à Paris comme aumônier d'une princesse d'Orléans, et logé au Palais-Royal où il termina sa carrière.

4° ANNE-MARIE-FRANÇOISE, née le 1er mars 1769 à Saint-Gal, reçue à Saint-Cyr en 1780, chanoinesse de Saint-Louis de Metz, mariée vers 1790 à Claude-Gaspard-Amable, *comte du Château*, seigneur de Valigny et du Montais, lieutenant des maréchaux de France en Bourbonnais, fils de Maurice et de Marthe de Thiange; il mourut le 3 août 1815.

5° ANTOINETTE-LOUISE, née le 28 août 1772 au château de Saint-Gal, reçue vers 1788 à Saint-Cyr où elle mourut le 31 décembre 1791.

BREVET DE PLACE A SAINT-CYR

POUR D^elle ANTOINETTE DE CHAUVIGNY DE BLOT

XVI

Gilbert IV de Chauvigny de Blot, dit le Comte de Chauvigny de Blot, capitaine de vaisseau, né le 23 septembre 1762, officier de marine avant 1789 (1) émigra en 1791, passa en Russie où il épousa le 5 août 1802 *Anne-Charlotte de Sayn-Witgenstein-Berlembourg*, fille de George-Ernest, général en chef des armées de la République et de Charlotte-Joséphine Kempfer de Plosheim. Rentré à la Restauration, il reçut le grade de capitaine de vaisseau le 9 janvier 1817 et mourut vers 1825 au Vivier, le château fut vendu peu après et la veuve se retira dans une maison du village de Blot-l'Église où elle mourut le 15 avril 1843. Un seul fils était né de lui, Henry, qui suit.

XVII

Henry, comte de Chauvigny de Blot, né en 1804, officier de cavalerie en 1830, mis en disponibilité après la chute de la branche ainée des Bourbons, habitait Clermont-Ferrand en 1833-1840. Il comparut le 3 août 1833 devant le tribunal correctionnel de Montluçon pour avoir le 18 juillet précédent,

(1) De Ribier, *Preuves de noblesse des gentilshommes auvergnats admis dans les écoles royales militaires 1751-1790*, Paris, 1909, in-8°, p. 84-87.

au cours d'une discussion sur un sujet politique, dans le café de la Comédie, infligé une verte correction et porté un coup de poing sur la figure du principal du collège, carbonaro, qui s'était permis de le traiter de clampin. Il fut condamné à un mois de prison et 50 francs d'amende. Il épousa en 1844 Jeanne-Marie-Eugénie Escot et mourut avant 1862 sans enfant.

BRANCHE DU DEFFAN

XIV bis

AMABLE DE CHAUVIGNY DE BLOT, dit le comte de Chauvigny, chevalier, seigneur du Deffan, fils puîné de Charles, baron du Vivier, naquit vers 1690-1700. D'abord lieutenant au régiment Commissaire-général-Cavalerie, il était capitaine en 1737. Il épousa le 2 août 1730 Elisabeth *de Cotignon*, dame du Deffan et de Garnat, fille de Jean-Louis, seigneur de Garnat, le Deffan et Monvillard et d'Antoinette d'Assy, il mourut en 1767 et elle le 5 décembre 1744, âgée de 35 ans. Elle fut inhumée au Deffan qu'elle avait apporté à son mari. Il eut d'elle au moins trois enfants :

1° GILBERT, né le 23 avril 1733 et mort le 3 novembre 1734.

2° PIERRE qui suit.

3° ANTOINETTE, née le 11 janvier 1742, mariée à Melchior *de Pagès*, seigneur de Vitrac et du Deffan, gentilhomme bourguignon, leur fille Jeanne naquit le 12 août 1764.

XV

PIERRE DE CHAUVIGNY DE BLOT, chevalier, seigneur du Deffan et de Garnat, Chassignolles, le Ponsut et les Fontaines, naquit le 14 janvier 1737, il était lieutenant-colonel du régiment de Beauvaisis-Infanterie et chevalier de Saint-Louis. Entré au service en 1753, il prit sa retraite en 1789. Vers 1783, il acheta de Joseph-Eléonor de Chauvigny, seigneur de Salles, la terre de Chassignolles dite aussi la Font, près de Cusset et il alla s'y établir. A la même époque probablement et du même vendeur il acheta la terre de Ponsut, paroisse du Sanssat qui lui appartenait en 1789, après avoir appartenu au même Joseph-Eléonor de Chauvigny en 1760. Il habitait, à la Révolution, Cusset ou Chassignolles. Ayant quitté la France, il fut inscrit sur la liste des émigrés en 1792. Ses terres furent confisquées et Chassignolles fut vendu le 28 janvier 1794. Déjà ses meubles avaient été mis en vente le 21 mai et le 5 juin 1793 pour 8837 livres. Pendant ce temps, il était à Coblentz, commandant en second la 4e Compagnie de la coalition d'Auvergne. Rentré en France, il se retira à Paris pour arranger sa situation, et y mourut le 31 décembre 1800 (1). Il avait épousé par contrat du 26 avril 1779 *Louise-Marie-Gabrielle de Guillebon*, dame des Fontaines (2), qui lui apporta la terre des Fontaines près de Saint-Sornin. Madame de Chauvigny fut arrêtée le 9 avril 1794 à Cusset par ordre de Forestier (3) et emmenée à Paris, où nous ignorons son sort. Elle avait donné le jour à :

1° Gilbert-Amable, qui suit.

(1) Une tradition erronée dit qu'il fut guillotiné en 1794.
(2) Archives de l'Allier, B 794.
(3) Pierre-Jacques Forestier, né à Vichy, Allier.

2° Marie-Louise, mariée le 29 août 1803 à Charles-François *de la Chassaigne*, comte de Sereys du Réal, ancien garde du Corps, fils de Pierre et de Jeanne-Marguerite d'Aradour ;

3° Jeanne-Marie-Julie, mariée de 1800 à 1805 à *Jean-Claude de Beaudinot*, comte de la Salle.

XVI

Gilbert-Amable de Chauvigny de Blot, né à Cusset en 1791, capitaine au 12me chasseurs à cheval habitait Cusset en 1813, quand on le désigna d'office pour faire partie du 4me régiment des gardes d'honneur. Avec ce corps il fit les campagnes de 1813 et 1814. Il épousa le 4 juillet 1826 *Marie-Charlotte de la Celle*, née le 18 octobre 1805, fille de Sylvain, comte de la Celle de Chapette et d'Antoinette-Clotilde de Loubens de Verdalle. Il mourut à Moulins le 1er octobre 1827 et sa femme le 18 juillet 1872, au château de Tirondet, chez sa fille Amable-Gabrielle, née à Montluçon le 9 janvier 1828 et mariée le 2 juin 1845 (1) à Joseph-Henry, comte de Loubens de Verdalle, né le 27 juin 1817, fils d'Annet Joseph, chevalier de Saint-Louis et de Louise-Jeanne-Françoise-Charlotte-Adélaïde-Amable-Henriette de Montrognon-Salvert, veuve le 22 avril 1900. Elle mourut au Tirondet le 12 novembre 1902.

(1) 1846, dit de Woelmont de Brumagne, *op. cit.*, p. 138.

BRANCHE DE SALLES

XII bis

Blain (1) de Chauvigny de Blot, chevalier, seigneur d'Urbise en Forez, Beaudéduit, Jenzat (en partie), Salles, les Joyeuses, les Clodis, était fils puîné de Jean, baron du Vivier et de Guyonne d'Alègre ; il naquit vers 1600 et épousa le 3 février 1630 *Jeanne du Peschin*, dame de Salles, les Clodis les Joyeuses et en partie de Jenzat, fille d'Antoine du Peschin, seigneur de Salles, Barbaste et Jenzat et de Gilberte Esgrin (2). Il passa plusieurs transactions et partages tant avec Gilbert son frère qu'avec monsieur et madame de Saint-Christophe, en date des 9 et 28 février 1632 (3). Vers 1651, il vendit à Gilbert de Champfeu, seigneur de Riage, le tiers du château de Jenzat dont sa femme était propriétaire indivise. Il vécut jusqu'en 1676 et sa femme mourut le 29 juillet 1681. Leur succession fut partagée à Strasbourg le 2 février 1684 entre leurs enfants Gilbert de Chauvigny, un autre Gilbert, François, Laurent et Gaspard (4).

(1) Blaise, écrit à tort de Woelmont de Brumagne, p. 141.
(2) Archives de l'Allier, B 738, contrat passé à Charroux.
(3) De Woelmont de Brumagne, p. 83.
(4) De Ribier, *Preuves de noblesse des Demoiselles auvergnates admises dans la maison de Saint-Cyr*, p. 79.

1° GILBERT qui suit.

2° GILBERT le jeune, capitaine au régiment de Schomberg (peut-être le même qui, étant capitaine au régiment Colonel-Général, fut blessé à la bataille de Cassel), il épousa le 27 février 1685 *Catherine de Champfeu* et eut pour enfants *Gilbert*, seigneur du Plaix et des Clodis, ancien officier au régiment de Lyonnais, mort à Doyet en 1729, marié en 1719 à *Anne-Elisabeth de Fradel*, morte à Monvicq en 1731, fille cadette de Claude, seigneur de Tilles, Rongères, de Louzat, et de Françoise Roque, dame de Souligny, qui eurent trois enfants : FRANÇOIS, né le 14 décembre 1720, ancien capitaine du 1er régiment Royal-Infanterie, nommé chevalier de Saint-Louis en 1757, veuf en 1758 de *Marie de Capponi;* PIERRE, né le 25 février 1722, capitaine dans le régiment de la Roche-Aymon-Infanterie, et ANNE-ELISABETH, mariée le 27 juillet 1742 à *Jacques Rebauld*,, écuyer, sieur de la Chapelle (1);

3° FRANÇOIS, écuyer, capitaine en 1684 dans le régiment de Lyonnais, se signala en 1686 (2).

4° LAURENT, écuyer, capitaine en 1684 dans le même régiment, seigneur en partie de Beaudéduit, vivant sans alliance en 1700. A cette date il passa acte de donation mutuelle au survivant avec son frère Gaspard et ses deux sœurs (3) et mourut après quatre ans de service.

(1) De Woelmont de Brumagne, p. 141.
(2) Grégoire, *op. cit.*, p. 271.
(3) Archives de l'Allier, B 747.

5° GASPARD, capitaine au régiment Lyonnais, vivant sans alliance en 1700, il fut tué à la bataille de Denain le 27 juillet 1712. On le surnommait le chevalier d'Urbise.

6° GILBERTE, sans alliance en 1700.

7° AUTRE GILBERTE, sans alliance en 1700.

8° ALLAIN (1), seigneur en partie de Beaudéduit, lequel avant 1660 fit donation de la terre de Beaudéduit à son frère naturel Gilbert, ci-après.

9° GILBERT, bâtard de Chauvigny, lieutenant général et commissaire examinateur à Compiègne. Il reçut de son frère naturel Allain donation de la terre de Beaudéduit, mais il la rétrocéda à son père par acte de 1661.

XIII

GILBERT DE CHAUVIGNY DE BLOT, écuyer, seigneur de Salles et des Joyeuses, naquit vers 1635. Il épousa, par contrat du 4 septembre 1670 *Eléonore Le Long de Chenillac*, fille de Charles Le Long et de Gilberte de Rollat (2) Il fut convoqué en 1690 au service de l'arrière-ban de Bourbonnais en la châtellenie d'Ussel et mourut avant 1699 (3), date à laquelle sa

(1) Ces derniers enfants ne figurent pas au partage de la succession des père et mère.

(2) Gilberte de Rollat était la fameuse Diane de Château-Morant, si célèbre sous le nom d'Astrée.

(3) Sa veuve dut vendre son fief de Tignat à Jean Pellisson, fermier à la Réau. (Grégoire, *ibid.*, p. 231).

veuve fit inscrire à l'armorial général le blason de feu son mari (1). Leurs enfants furent :

1° Jeanne-Amable, mariée vers 1695, à *Jean Aumaistre*, écuyer, seigneur de Chirat-Guérin, grand-maître des eaux et forêts à Montmoraud (2), fils de Pierre, lieutenant général en l'élection de Montluçon et de Marie Rapine. Le 18 juillet 1716, autorisée par son mari, elle abandonna à sa sœur Anne la part lui revenant dans la succession de son père et de sa mère, part évaluée à 2.100 livres. Cet abandon fut confirmé le 29 août 1743 (3).

2° Marien qui suit.

3° François, né le 6 août 1683, chanoine reçu comte de Brioude en 1704, puis commandant du règiment Lyonnais, lequel avec ses deux sœurs et son frère Joseph se firent une donation mutuelle de tous biens au survivant, sous réserve de l'usufruit, à la date du 27 juillet 1725 (4). Il décéda en 1747.

4° Joseph-Gaspard, capitaine au régiment Lyonnais, sans alliance en 1725 (5).

5° Honorée, religieuse à la Vaudieu. Elle était novice, quand le 17 septembre 1701 elle fit son testament instituant pour héritier universel son frère aîné Marien et laissant à sa mère la jouissance de ses biens (6).

6° Gabrielle.

(1) Regist. de Gannat, 33.
(2) Grégoire, *ibid.*, p. 252 et 328.
(3) Archives de l'Allier, B 759.
(4) Ibidem, p. 747.
(5) Ibidem.
(6) De Rubier, *op. cit.*, p. 79.

7° Anne, dame des Joyeuses. Tous les trois étaient sans alliance en 1725, lors de la donation mutuelle ci-dessus. Anne vivait encore en 1743, année où elle fit donation du domaine des Joyeuses à son neveu Joseph-Eléonor.

8° Marie-Amable épouse de *Jean Le Bel*, écuyer, sieur de la Voreille, dont le nom figure au procès-verbal de la bénédiction d'une cloche à Monestier le 1er mai 1709 (1). Elle est marraine d'une fille le 2 juin 1697 à Target (2) et le 13 août 1724 (3).

XIV

Mârien de Chauvigny de Blot, dit le Comte de Blot, seigneur de Salles, le Ponsut, les Granges, Châteauvert, Beaujardin, la Telliée, né le 5 avril 1678, mort en 1714. Il avait épousé le 6 septembre 1703 *Marie-Louise de Coustard*, dame de Ponsut, les Granges, la Telliée, Beaujardin, Châteauvert, veuve de Louis-Joseph de Menant, seigneur des Touches, fille de Jacques de Coustard, seigneur de Châteauvert et de Claudine Mallet. Elle mourut le 7 mai 1749, lui ayant apporté les terres de Ponsut, la Telliée, Châteauvert et Beaujardin. Ces deux dernières lui échappèrent du reste par la saisie en 1714 et furent rachetées par sa belle-fille, Gabrielle de Menant. Il laissa deux fils, Joseph-Eléonor qui suit et Gilbert qui vivait en 1715.

(1) Grégoire, p. 227.
(2) Ibid., p. 287.
(3) Ibid., p. 295.

XV

JOSEPH-ELEONOR DE CHAUVIGNY DE BLOT, écuyer, comte de Salles, seigneur du Ponsut, des Joyeuses, Chassignolles, la Telliée, Châteauvert et Beaujardin, né le 3 mai 1705 et mort au château de Salles le 7 août 1779. Il avait épousé le 7 avril 1727 *Louise-Céline de Rollat de Puiguillon*, fille de Henry et de Marie de Trombert. Elle donna le jour à :

1° HENRIETTE-AMABLE, née le 17 janvier 1729, religieuse à la Visitation de Riom.

2° GILBERT-MICHEL-JOSEPH qui suit.

3° CLAIRE, née le 6 juin 1732, religieuse à Cusset.

4° CLAUDE-GILBERT, dit le chevalier de Blot, né le 14 juillet 1733, admis parmi les pages de l'écurie du roi le 16 mars 1746, officier de marine en 1750.

5° JEAN-BAPTISTE, chevalier, seigneur de la Telliée, capitaine d'infanterie à l'Ile de France (1). Il était né le 29 novembre 1738. A peu près sans fortune, il vendit la Telliée et vint habiter une modeste maison du village de Fleuriel. C'est là qu'il mourut en l'an 8 (1799-1800). Il avait épousé à Mont-sur-Sioule, le 20 novembre 1795, *Françoise Blanc-Dumont*, fille d'Antoine, dont il eut trois enfants (2), Antoine Hippolyte (XVI *bis*) b, N.., c. probablement Agathe qui vivait à Cusset en 1852.

(1) Grégoire, *op. cit.*, p. 223.
(2) *Ibid.*, p. 223.

6° Sébastien, né le 4 avril 1737 (XVI *ter*).
7° Amable, né le 16 octobre 1741 (1), reçue à Saint-Cyr.
8° Claude, né le 20 février 1746.

XVI

Gilbert-Michel-Joseph de Chauvigny de Blot dit le Comte de Chauvigny, chevalier, seigneur de Salles, les Granges, Saint-Alyre, la Jarrye, les Joyeuses et la Poivrière, né le 10 mars 1730 (2) à Salles, épousa par contrat du 4 décembre 1754 (3), *Marie Valette de Bosredon*, fille cadette de Jean-François Valette, seigneur de Rochevert, Bosredon et Bleniac, président-trésorier de France à Riom, et de Marie-Madeleine de Brinon, dame de Toury-sur-Besbre. Il reçut le 3 avril 1754 une donation de Michel de Frombert (4). Le 21 août 1758 son grand-oncle Gilbert de Frombert lui fit don des terres de la Jarrye et de Saint-Alyre (5). De sa grand'-mère Marie-Louise de Coustard il hérita la terre des Granges sise en Nivernais, près de Magny-Cours. Il acheta en 1791 de Collin de Gévaudan la terre de la Poivrière en la paroisse de Saint-Sylvestre, au quartier d'Aigueperse. Il était alors maire de Saint-Alyre et il prêta serment de fidélité à la Cons-

(1) De Ribier, *op. cit.*, p. 78.
(2) La Chenaye Desbois, *Dictionnaire de la Noblesse*, t. v, col. 544.
(3) De Ribier. — *Preuves de noblesse des Demoiselles Auvergnates admises dans la maison de Saint-Cyr*, p. 77 & Archives de l'Allier, B 769.
(4) Archives de l'Allier, B 769.
(5) *Ibid.* p. 773.

titution avec tous les habitants sans exception. Malgré cela en 1792 il fut d'abord inscrit au nombre des ex-nobles suspects à surveiller (1). Arrêté en 1793, on l'incarcéra à Cusset dans une maison dont il avait le loyer à sa charge. En thermidor, il obtint que les frais de sa prison seraient supportés par la nation. On le transféra à Moulins le 24 octobre 1793 et on l'enferma au couvent des Carmélites avec sa femme et ses filles, malgré ses réclamations réitérées. Il exposait, le 27 avril 1794, qu'il avait cinquante ans de mariage, qne son fils aîné était mort à l'étranger, « mais avant le vertige de l'émigration », qu'il ne pouvait être responsable de son autre fils, l'évêque de Lombez et que son gendre Séverac servait dans l'armée républicaine au siège de Lyon. Le 4 novembre 1794 les municipalités de Puy-Randan, (Saint Gérand-le-Puy), Saint-Alyre et Saint-Etienne appuyèrent une nouvelle pétition. Celle-ci fut plus heureuse. Il fut mis en liberté le 16 décembre suivant (2).

Pendant sa détention, une grande partie de ses terres avaient été confisquées, comme appartenant en partie à ses fils émigrès. Saint-Alyre notamment fut séquestré. Un tiers fut attribué à sa fille Amable-Henriette non émigrée. Les deux autres tiers furent mis en vente et rachetés par le mari d'Amable-Henriette, Claude-Annet des Roys, moyennant 1.500.000 livres assignats, soit 25.000 livres en argent (4 août 1794). Il eut de son mariage :

(1) Faure, *Histoire de Moulins*.
(2) Paul Gabent, *op. cit.*, p. 12.

1° Jean-Gilbert, né en 1748, chanoine de Moulins, nommé le 7 juin 1771 et retiré à Saint-Gérand-le-Puy à la Révolution. Il y prêta serment en septembre 1792. Déporté en 1794 sur les pontons de Rochefort, il mourut devant l'Ile Madame le 22 septembre 1794 (1).

2° Alexandre-Henry, né au château de Saint-Gal, le 11 janvier 1751, d'abord vicaire général de Vabres, prieur de Saint-Pierre de Villars et de Sainte-Céline, vicaire général de Toulouse en 1785, chanoine comte de Brioude en 1788, nommé évêque de Lombez en 1787, sacré le 30 mars. La tradition rapporte que c'était un type de gentilhomme. Il avait aussi les vertus épiscopales. Elu député à l'Assemblé Nationale en 1789, il ne laissa pas longtemps son troupeau sans pasteur. Dès septembre 1791, après refus du serment, il se cacha dans un château des environs. Il avait auparavant envoyé à ses curés la lettre de l'évêque de Boulogne contre la Constitution civile du clergé. Il émigra d'abord en Angleterre, puis en Allemagne, laissant pour fondé de pouvoirs Jean Couret de Ribet, avocat au Parlement de Toulouse. Il passa en 1794 en Italie, s'arrêtant à Venise, à Pérouse, à Naples. Il retourna en Angleterre en 1799. En 1801, il refusa de donner sa démission de son siège que le pape lui demandait en vertu du Concordat. Un soir, chez la comtesse de Bouillé, comme l'évêque de Comminges s'approchait d'une table d'échecs, où était assis Mgr de Chauvigny, celui-ci s'écarta : « Je ne joue pas, s'écria-t-il, avec un rentrant (2), » c'est-à-dire avec un évêque qui va

(1) Paul Gabent, *op. cit.*, p. 12.
(2) P. de la Gorce, *Histoire Religieuse de la Révolution Française*, Paris 1923, t. V, p. 293-294.

rentrer en France, grâce à son acceptation du Concordat. Se considérant toujours comme évêque de Lombez, il eut le tort d'entretenir la révolte contre l'autorité légitime, mais pendant peu de temps, car il mourut à Londres le 4 février 1805, à l'âge de cinquante-quatre ans (1).

3° Amable-Henriette, née le 26 mars 1756 à Saint-Bonnet de Rochefort, mariée d'abord à *François Aldebert vicomte de Séverac*, qui servait dans les milices d'Auvergne au siège de Lyon. Y fut-il tué ? Ou sa femme divorça-t-elle ? Nous ne savons. En tout cas, avant le 4 août 1794, elle se remaria à Auzat (2) à *Claude-Etienne-Annet, comte des Roys*, chevalier, seigneur d'Eschandelys, né à Eschandelys le 13 septembre 1754, reçu page du roi en sa petite écurie le 28 juin 1771, page du Dauphin, puis premier page de Louis XVI, capitaine de cavalerie au régiment du Dauphin, seigneur d'Auzat, député de la noblesse du Limousin aux Etats-Généraux, maire de Moulins du 9 mars 1805 au 8 février 1816, baron de l'Empire en 1812, président du collège électoral de l'Allier. C'est à Avrilly qu'il demeurait et qu'il mourut le 23 septembre 1823. Sa veuve mourut à Moulins le 20 novembre 1842.

4° Gilbert-Marie-Louis, qui suit.

5° Gabrielle, religieuse de Sainte-Claire à Clermont.

6° Amable, chanoinesse du chapitre de Saint-Louis de Metz, née le 26 juillet 1760.

(1) Revue de Gascogne, p. 223-234, t. V, lettres inédites.
(2) Du Broc de Segange, *les Chauvigny de Blot*, p. 156.

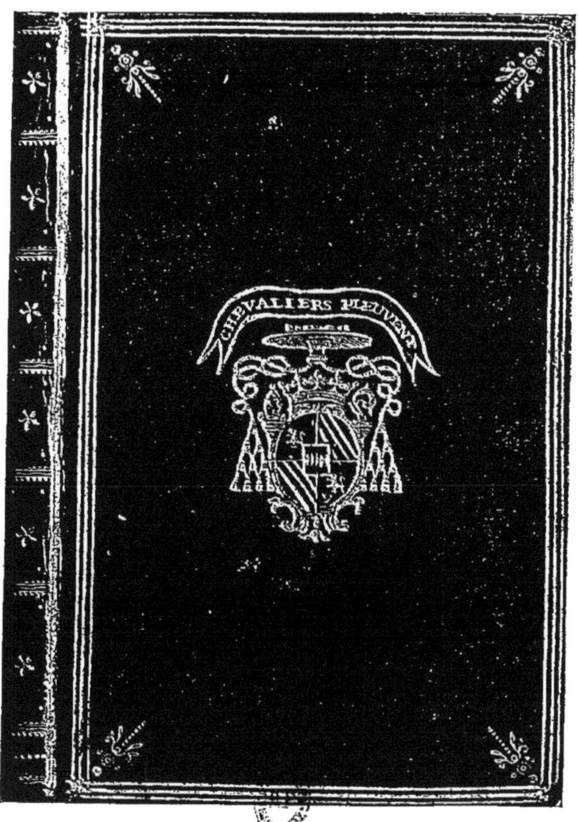

RELIURE AUX ARMES
DE Mgr ALEXANDRE-HENRY DE CHAUVIGNY DE BLOT
ÉVÊQUE DE LOMBEZ

Collection Lefuel

Manuscrit in-16°, maroquin vert pomme, titre : *Bouquet pour la fête de* HENRY-ALEXANDRE DE B***, *Évêque de Lombez 1788...*

L'écu aux armes des Chauvigny de Blot est chargé de celui des Chauvigny, barons de Châteauroux, et accompagné de leur devise " CHEVALIERS PLEUVENT ".

La branche du Vivier seule, au XVIIIe Siècle, avait adopté ces armoiries que rien ne justifiait.

XVI bis

Antoine-Hippolyte de Chauvigny de Blot, contrôleur des finances de la ville de Paris, né à Saint-Pourçain le 27 septembre 1796, marié *à Suzanne Hastier d'Harpeux.* Il est l'auteur de deux brochures conservées à la Bibliothèque nationale : *La vérité à l'empereur sur la boucherie; Pétition aux membres du corps législatif.*

Il eut pour enfants :

1° Jean-Baptiste-Alfred, né à Chavroche (Allier) en 1823, décédé à Paris le 22 juillet 1851.

2° Gilbert-Amable-Léon (1), né à Paris le 26 décembre 1829.

3° Gilbert-Amable-Hippolyte (2), né à Paris le 18 décembre 1835.

XVI ter

Sebastien de Chauvigny de Blot, chevalier, seigneur de Châteauvert, les Fribourgs et la Presle, troisième fils de Joseph-Eléonor et de Louise-Céline de Rollat de Puiguillon, naquit le 4 avril 1737, habita Chantelle et le château de la Presle près de Bellenave. Très charitable, il faisait un bien immense autour de lui et l'histoire de Chantelle rapporte un

(1) Acte de naissance, état civil de Saint-Pourçain.
(2) Archives de la Seine.

grand nombre de traits de sa bienfaisance. Il épousa en 1759 *Marie-Anne de la Boulaye*(1), fille de Gilbert, écuyer, seigneur de Bière et de Marguerite Poureine de Vernay, née à Troussac en 1739, morte à Bourges le 24 juin 1774. Il mourut à Chantelle le 21 mai 1771. Son corps dut rester deux jours entiers dans la chapelle ardente pour satisfaire aux désirs de ceux qu'il avait obligés. On l'inhuma dans l'église de la paroisse avec les plus grands honneurs. Ses enfants furent :

1° Charles-Joseph, qui suit.

2° Marguerite, d'abord religieuse, puis sortie du couvent à la Révolution et mariée sous la Restauration *à Hubert-Bonaventure Chaudagne*.

3° Gilbert-Michel-Joseph, chanoine, comte de Brioude, reçu en 1789 ; il était né au château de la Presle et avait été baptisé à Bellenave le 9 juin 1763.

4° Paul-Louis-Fortuné, seigneur des Fribourgs, né le 12 février 1767, mort le 29 mars 1823 ; il fit ses preuves pour le service militaire le 11 mai 1781, sous-lieutenant au régiment du Maine-Infanterie, émigré en 1792, capitaine dans la Légion de Mirabeau, lieutenant dans un régiment d'Infanterie à la solde britannique, colonel d'infanterie le 20 avril 1798, proviseur du lycée de Dijon, depuis 1811, commissaire du 2 avril au 11 mai 1814, commissaire général adjoint en Corse le 11 mai 1814, forma le projet de faire tuer Bonaparte ; (2) maréchal des camps et armées du roi le 2 novembre 1814 avec rang du 4

(1) Grégoire, *Le Canton de Chantelle*, p. 223.

(2) A. Chuquet, *L'année 1814*, p. 420-427, lettre de M. de Chauvigny de Blot à S. A. R. Monsieur.

juin précédent, et commandant de l'Ecole militaire de la Flèche, chevalier de Saint-Louis et de la Légion d'Honneur. Il épousa à Saint-Hélier le 30 juin 1796 *Louise-Antoinette-Adélaïde de Geoffroy de Villeblanche*, née à Brest le 3 avril 1770, morte à Paris le 8 mars 1856, dont il eut :

1° Anonyme, né à Jersey le 17 février 1797 et mort le 29 septembre suivant.

2° Laurence-Marie-Louise-Félicité, née à Jersey le 13 novembre 1798 et mariée le 21 mai 1821 à *Charles-Melchior-Philippe-Bernard de la Tour Saint-Paulet*, comte de la Tour-Lauragais, dit le prince de la Tour-d'Auvergne, né le 6 janvier 1794 à Essan, capitaine d'Etat Major, chevalier de la Légion d'honneur, mort le 16 mai 1849.

5° Gilbert-Marie-Louis, né le 15 août 1768, fit ses preuves pour le grade d'officier le 4 novembre 1783.

XVII

Charles-Joseph, de Chauvigny de Blot, capitaine d'infanterie, chevalier de la Légion d'honneur, naquit à Châteauvert en 1761. Il habitait Paray-sous-Briailles en 1794 (1) ; il émigra, rentra au Consulat et prit du service dans les armées impériales. Il mourut à Moulins le 20 décembre 1831. Vers 1788 il avait épousé *Anne-Marie Purseigle* qui mourut avant lui. Ils eurent :

1° Gilbert-Michel qui suit.

(1) Grégoire, *ibid.*, p. 223.

2° N.

3° Amable, mariée à *Antoine David de Perdreauville* appelé depuis 1815 le Comte de Perdreauville.

XVII bis

Gilbert-Marie-Louis de Chauvigny de Blot, vicomte de Chauvigny de Blot, officier de cavalerie, naquit le 14 octobre 1757. Il fut admis aux honneurs de la cour le 1er mars 1787, sortit de France en 1790, à la suite d'une querelle avec le comte de Lameth et mourut à Xanten le 6 juin 1793. Il avait épousé le 8 février 1789 à Versailles *Marie-Gabrielle Fontaine de Biré*, fille de Sébastien-Charles-François, seigneur de Biré et Pescheré, administrateur du trésor royal.

XVIII

Gilbert-Nicolas-Joseph de Chauvigny de Blot, naquit à Voussac le 20 avril 1789. Il habita tantôt Paray, dont il fut maire sous la Restauration, tantôt Moulins, où il mourut.

Il avait épousé à Moulins le 20 février 1811, *Marie-Anne-Rosalie le Borgne*, et en secondes noces, *Marie Martin*. Du premier lit il eut :

Charles qui suit.

Du second lit sont issus :

1° Michel, (XIX bis).

2° Françoise, née le 2 août 1830, épouse *M. Chevalier ;*

3° Marie, née le 13 décembre 1832, épouse *M. Roch ;*

4° Charles-Joseph-Stanislas, né le 6 mai 1835, mort sans alliance.

5° Louise, née à Moulins, mariée à *M. Lafont.*

XIX

Charles de Chauvigny de Blot, né vers 1815, mort en 1875, épouse *Louise Faure*, dont :

1° Henry, né à Avernes vers 1875. Accomplit son service militaire en 1895 ; on ignore ce qu'il est devenu.

2° Filles dont on ignore le sort.

XIXbis

Michel de Chauvigny de Blot, né à Izeure le 22 octobre 1827, mort à Moulins le 20 novembre 1880, marié à *Antoinette Bergeron*, eut pour enfants :

1° Gilbert qui suit ;

2° Prosper, aumônier des houillères d'Epinac (Saône-et-Loire), chanoine de la cathédrale d'Autun ; né le 18 mars 1855.

3° Charles, mort accidentellement à 18 ans ;

4° Marie, morte sans alliance.

XX

Gilbert de Chauvigny de Blot, comte de Chauvigny de Blot, (devenu chef du nom), né le 26 décembre 1851, épousa le 8 février 1882 *Marie Nieps*, fille de Jacques-Alexandre Nieps et de Catherine Depontailler.

Il a pour enfants :

1° Joseph-Pierre-Alexandre, né à Troyes le 20 octobre 1882, chevalier de la Légion d'honneur, croix de guerre, marié le 19 janvier 1909 en l'église Saint-Denis de Sézanne (Marne) à Marie-Antoinette *le Dieu de Ville*, fille d'Albert et d'Agnès Bourguignon d'Herbigny, dont :

a) Agnès-Marie, née le 13 mai 1910;

b) Gilbert-Charles, né le 8 octobre 1913 ;

c) Marie-Thérèse, née le 9 février 1917.

2° Henry-Charles-Edouard, né à Troyes le 5 janvier 1887, titulaire de la médaille militaire et de la croix de guerre, docteur en droit, lauréat de la Faculté de Paris, avocat à la Cour d'Appel, grièvement blessé au Grand-Couronné en septembre 1914, rejoint le front, versé aux brancardiers divisionnaires, avocat près du conseil de guerre de sa division, caporal, puis sergent à la 23e compagnie du 360e R. I., est blessé mortellement le 6 septembre 1918 et meurt pour la France le 7 septembre. Le plus bel éloge que l'on puisse faire de lui est de citer, in-extenso, la lettre qu'adressait son chef direct à son frère Joseph, lieutenant au 356e R. I. :

HENRI-CHARLES-EDOUARD DE CHAUVIGNY DE BLOT

DOCTEUR EN DROIT

AVOCAT PRÈS LA COUR D'APPEL DE PARIS

Tué à l'ennemi le 6 Septembre 1918

CITATIONS :

Le 1er Octobre 1915, a fait preuve du plus grand sang froid dans l'accomplissement de son service, en allant relever en plein jour plusieurs blessés restés entre les lignes.

Modèle de courage et d'abnégation. Toujours volontaire pour les missions périlleuses. Au cours des opérations du 13 au 26 Août 1918, a fait preuve de solides qualités militaires ; a exécuté notamment une reconnaissance difficile, rapportant des renseignements précieux.

Sous Officier d'une haute valeur morale, exemple d'énergie et d'abnégation. A été grièvement blessé à son poste de combat le 6 Septembre 1918. Deux blessures antérieures.

Aux Armées, le 7 octobre 1918.

Mon cher Camarade,

Je reçois votre lettre ; je puis donc me permettre de vous écrire, puisque maintenant la famille de Chauvigny et ses proches ont eu le temps de boire l'amer calice que leur impose la Providence.

Tout d'abord, je dois dire que je connaissais monsieur votre frère depuis son arrivée au 360me, c'est-à-dire vers février 1916 ; il est inutile d'ajouter que mon estime pour lui, je dirai plus, mon admiration, a commencé à ce moment et que, sans cesse, elle n'a fait que grandir.

D'autres plus autorisés que moi vous diront ou vous ont déjà dit quelles sympathies respectueuses il s'était encore acquises chez les défaillants pour le dévouement qu'il apportait dans la défense de leurs intérêts, le réconfort qu'ils emportaient de son contact avec la discrétion dont il savait envelopper son action si bienfaisante, si active, si variée qu'elle embrassait tous les domaines.

Aujourd'hui encore, quoique le temps marche vite, il n'est pas rare de surprendre dans les conversations de nos bons « poilus » cette phrase typique : « Quel dommage que M. de Chauvigny soit mort ! »

Permettez maintenant que j'en parle comme chef :

Pendant près de quatre années, le commandement l'a ignoré. Sa seule raison réside dans la trop grande modestie de Chauvigny qui ne voulut jamais faire aucun geste, aucune démarche susceptibles de le mettre en relief comme il convenait. Il n'était pas de notre siècle. Il put donc voir galonner les manches des voisins sans pour cela esquisser la moindre récrimination, mais peut-être pas sans une souffrance morale. Chrétiennement, il accepta cette situation et entre temps consacra le meilleur de son intelligence et de son cœur à assister les infortunés. Dieu sait comment il le fit.

Puis bizarrerie ! le commandement se souvint qu'il existait, et lui proposa les galons de Caporal, lui qui eût pu être capitaine décoré avec la grâce de Dieu. Ces galons seraient remplacés par ceux de sous-officier après peu de jours, et ceux-ci par les galons de sous-lieutenant après quelques semaines.

En réalité, la progression fut moins rapide.

C'est alors que de Chauvigny vint me trouver pour savoir si je l'agréerais dans mon bataillon.

Vous voyez ma réponse. Toutefois, et cela n'est pas bien de la part d'un chef, je lui dis textuellement ceci : « Vous avez été méconnu, eh bien, si j'étais à votre place, je voudrais le rester et je continuerais maintenant la mission que les circonstances et le temps m'ont amené à assumer. » — « Puisque c'est le colonel qui me fait cette proposition je considère que c'est le devoir qui m'appelle. »

Il fut un caporal modèle à la 23me compagnie du capitaine Dutilloy, et il fut pareillement apprécié à la 22me compagnie où il passa comme sous-officier.

Connaissant son tempérament par trop chevaleresque dans une pareille guerre, j'ai considéré qu'il était de mon devoir de lui donner et même de lui répéter un conseil d'expérience : « A Fontenoy les Français eurent tort ; le soldat vraiment bon est celui qui tue l'ennemi sans se faire tuer. Conséquemment, dans toute opération, il convient de mettre toutes les chances de son côté et de ne faire aucune imprudence ».

Je reconnais que je fus compris. Pendant nos dernières opérations, en direction de la Fère, de Chauvigny se conduisit en chef brave et avisé, et comme toujours, il fut fort apprécié de tous, supérieurs et subordonnés.

Ici, j'arrive au dramatique moment qui ravit à la France un héros et un saint :

Le 6 septembre vers 16 heures, le bataillon assez en pointe, se heurte à une nouvelle ligne de résistance que l'ennemi défend d'abord par le feu de ses mitrailleuses, doublé bientôt de celui de son artillerie. Le bataillon est contraint de s'arrêter à 500 mètres avant d'atteindre Le Plessier. Ce hameau couronne un mamelon situé à 1 k. à l'est de Ugny-le-Gay et à 7 k. à l'Ouest de Tergnier. Là, des mesures de sécurité sont prises en attendant l'arrivée des voisins.

De Chauvigny commande la section de soutien de la 22ᵉ compagnie. A la tombée de la nuit, il la porte d'un seul bond à 200 mètres au-delà de la route d'Ugny-Caumont. Il l'arrête et l'abrite dans une ancienne tranchée à la lisière d'un boqueteau, car il est toujours soucieux de la vie de ses hommes. Déjà les avions ennemis survolent le terrain que nous occupons et plusieurs bombes viennent de tomber à quelque 300 mètres. Néanmoins et avant de penser à lui-même, il s'occupe encore de placer aussi judicieusement que possible une mitrailleuse pour parer à toute éventualité d'un retour offensif de la part de l'ennemi. Ses soldats anxieux pour lui crient : « Sergent ! mettez donc votre casque et gagnez l'abri ! » « Ne craignez pas ! » répondit-il et, très calme, il continue ses opérations. Peu de minutes après, une longue flamme jaillissait du sol à moins de 10 mètres du groupe, tandis que la terre tremblait sous une formidable explosion.

Ses hommes crurent entendre un cri étouffé, ils se précipitèrent près du caporal mitrailleur tué, leur chef aimé gisait ensanglanté avec une large plaie à la nuque. Tandis que les uns s'appliquaient à poser un pansement, d'autres allaient quérir les brancardiers. Hélas ! De Chauvigny était mortellement frappé, et aucun dévouement ne pouvait le sauver. Il était environ 21 heures.

Dans un premier compte-rendu hiérarchique, le lendemain 7 septembre, à 8 h. 20, je disais : « sergent de Chauvigny très grièvement blessé cette nuit par avions. Sujet hors pair auquel il conviendrait conférer médaille militaire. »

Puis, craignant les lenteurs de transmissions, les erreurs possibles, les omissions, etc., je profitai de l'envoi d'un message par pigeon pour m'adresser directement au général commandant la Division : « Demande que médaille militaire soit conférée au Sergent de Chauvigny très grièvement blessé hier soir par bombe d'avions. Soldat superbe qui allait être très prochainement promu sous-lieutenant. »

Bien m'en prit ; ce fut cette dernière démarche qui fut opérante.

Dès le 8 septembre, un bruit vague de sa mort commença à courir dans nos rangs, mais sans qu'il fût possible de recueillir aucune précision. Du reste nous étions encore en période d'opérations.

Dieu l'a voulu près de lui. Déjà il jouit de la récompense céleste, non seulement parce qu'il eut la mort du Brave, mais encore pour tout le bien qu'il fit dans un trop court séjour sur cette terre, aussi pour l'exemple incessant qu'il donna du devoir accompli jusque dans ses moindres détails, jusqu'au bout.

De là-haut, il n'oubliera pas les êtres chers qu'il a laissés ici-bas, il continuera son rôle d'intercesseur puissant pour eux, pour ses compagnons d'armes, pour sa Patrie.

Qu'une femme a lieu d'être fière de porter son nom, et comme elle doit trouver dans cette fierté le courage de supporter l'épreuve.

Avant qu'il fut frappé, de Chauvigny était l'objet d'une proposition de citation dont le résultat parut le 9 Septembre, pour la période d'opérations du 13 au 26 Août. Ci-joint le texte de la citation. Dès que j'aurai celui qui se rapporte à la médaille militaire, je me ferai un devoir de vous le faire parvenir.

Agréez, mon cher Camarade, l'expression de mes chrétiennes condoléances.

MERCIER,
Chef de Bataillon au 360me Inf.
Secteur 128.

Il avait épousé à Bessé-sur-Braye (Sarthe), le 25 Juin 1913, *Jeanne Munier* fille de Léon Munier et de Madeleine Teisset.

Ses enfants sont :

a) JACQUES, né le 2 Avril 1914.
b) MARIE-CÉCILE, née le 19 Juillet 1917.
c) HENRI, né posthume le 22 Février 1919.

3) Marie-Thérèse, née à Troyes, le 22 Février 1888, mariée le 7 Juillet 1921 à *Emile, baron Corda*, chevalier de la Légion d'honneur, capitaine au 26me Régiment d'Infanterie.

4) Geneviève, née à Troyes, le 3 Septembre 1889; mariée le 16 Janvier 1924 à *Lazare Boillereault*, agriculteur, au château de Meursanges (Côte-d'Or).

EX-LIBRIS

DE M. LE Vte J. DE CHAUVIGNY DE BLOT

dessiné par M. Edmond des Robert

TIGE DES CLODIS

XIII bis

Gilbert de Chauvigny de Blot, dit le Jeune, seigneur des Clodis, était fils cadet de Blain, seigneur d'Urbise et de Jeanne du Peschin. Il naquit vers 1640. Capitaine au régiment de Schomberg, il fut compris à l'armorial de 1698 et y déclara son blason ancien (1). Vers 1700-1710 ses biens furent saisis à la requête d'Antoine de la Boulaye, seigneur de Cueihat (2). Il épousa à Bayet, par contrat du 27 Février 1681, *Catherine de Champfeu*, veuve de Jacques Dorat, fille de Jean-François, seigneur de Saint-Martin des Laids, chevalier de l'ordre de Saint-Michel, trésorier de France, et d'Isabelle Billard. Il eut un fils, Gilbert, qui suit :

XIV

Gilbert de Chauvigny de Blot, deuxième du nom, seigneur des Clodis et du Pleix, officier au régiment Lyonnais, naquit vers 1686. Après son mariage, il alla habiter Montvicq

(1) Registre de Moulins, I. 197.
(2) Archives de l'Allier, B. 868, fol. 116.

où naquirent ses enfants et où mourut sa veuve en 1731. Lui-même décéda à Doyet en 1729, laissant trois mineurs sous la tutelle de son neveu à la mode de Bretagne Joseph-Éléonor de Chauvigny, seigneur de Salles, né le 23 Mai 1705. Il avait épousé en 1719 *Anne Elisabeth de Fradel*, fille de Claude, seigneur de Tilly et Rongère, et de Françoise Roques de Souligny dont il eut trois enfants :

1° François, qui suit.

2° Pierre, seigneur des Clodis, capitaine au régiment de la Roche-Aymon Infanterie, puis au régiment de Hainaut, chevalier de Saint-Louis, né le 25 Février 1722. Il hérita de son frère aîné et fit lui-même donation de tous ses biens à sa sœur, par acte du 8 Mai 1782 (1). Il ne prit pas d'alliance.

3° Anne-Elisabeth, mariée par contrat du 27 Juin 1745 à *Jacques Rebauld*, écuyer, seigneur de la Chapelle-d'Andelot, le Boulas et Rochefort, avocat en Parlement à Gannat, fils de Joseph et de Michelle Touchard. Elle en etait veuve avant le 8 Mai 1782, date à laquelle elle reçut donation des biens de son frère Pierre et notamment de la terre des Clodis (2).

XV

François de Chauvigny de Blot, chevalier, seigneur du Pleix et des Clodis, capitaine au régiment du Roi-Infanterie, naquit le 14 Décembre 1720. Il épousa vers 1750 *Marie de Copponi*. Ils moururent avant 1780.

(1) Archives de l'Allier, B. 797.
(2) Archives de l'Allier, B. 797.

BRANCHE DE SAINT-AGOULIN

X *bis*

ROBERT DE CHAUVIGNY DE BLOT, chevalier, seigneur de Saint-Agoulin, huitième fils d'Antoine, baron du Vivier et de Françoise du Gué, naquit vers 1540. Page des Ecuries du roi, et reçu chevalier de Malte le 3 juin 1560 (1), il fut en 1576 héritier de son frère Christophe, seigneur de Saint-Agoulin, et il en eut la terre de ce nom. Ce fut alors qu'il se décida à déposer la croix et à se marier. Il épousa en effet par contrat du 11 Novembre 1583 *Marie du Saix*, veuve de Gilbert de Bayard (2), seigneur de Marsat, fille d'Antoine François du Saix, chevalier, seigneur de Montpéroux et de Claudine de la Fin. Il eut deux fils : Gilbert qui suit et Gaspard mort en bas âge (3).

XI

GILBERT DE CHAUVIGNY DE BLOT, chevalier, seigneur de Saint-Agoulin, page des Ecuries du roi, capitaine d'une compa-

(1) *Généalogie de la maison de Chauvigny*, p. 42.

(2) DE RIBIER, *Preuves de noblesse des Pages auvergnats admis dans les Ecuries du Roi, 1667-1792*, Paris, 1909, in-8°, p. 66.

(3) *Généalogie de la maison de Chauvigny*, p. 42.

gnie de carabiniers, naquit en 1580, et vivait encore en 1664, date à laquelle il est cité par l'intendant de Moulins dans son rapport au roi. Il épousa par contrat du 27 Février 1607 *Guicharde de Veyny d'Arbouze*, fille de Gilbert, baron de Jayet, seigneur de Villemont, gentilhomme ordinaire du duc d'Alençon et de Jeanne d'Espinac. Il eut :

1° Gilbert, qui suit.

2° Guyonne-Chrysolithe, alliée par contrat du 23 Juillet 1643 à *Daniel de Beaupoil*, chevalier et baron de Saint-Aulaire (1), seigneur de Ternac, capitaine de cavalerie. Il était veuf en 1641 de Jeanne du Breuil, héritière de la terre de la Pourcherie, qu'il avait épousée le 16 Mars 1627 (2), ayant un fils François-Joseph né en 1643, mort en 1742, poète et académicien, et une fille religieuse.

XII

Gilbert II de Chauvigny de Blot, seigneur de Saint-Agoulin, Parel-le-Chancel, et des Neuffonts, page des Ecuries du roi, fit la campagne de 1636 en Flandre pour son père. Par contrat du 10 Octobre 1639 il épouse *Eléonore du Maine*, fille puînée d'Antoine du Maine du Bourg, chevalier, baron de l'Espinasse, Chaugy, Lamotte, Noailly, Saint-Bonnet, Saint-Bélan, baron de la Gradebioux en Quercy, vicomte de Montirat, maréchal

(1) *Généalogie de la maison de Chauvigny*, p. 42.
(2) De Wœlmont de Brumagne, *op. cit.*, p. 136.

des camps et armées du roi, et de Marie Boyer de la Motte-Choisy (1). De cette alliance sont issus :

1° MARIE, qui étant veuve de *Sébastien de Lavoreille*, seigneur de Rochedragon, épousa par contrat du 22 Juin 1668 *Charles de Bucheron*, chevalier, comte d'Ambrugeac, seigneur des Cheix, Biollet, le Puy du Prat et baron de Terme.

2° GUICHON, née le 15 Février 1643, morte religieuse à Marsat.

3° MARIE, née le 5 Août 1644, religieuse à Lavesne.

4° PHILIPPE, née le 15 Décembre 1645, religieuse au Val-de-Grâce.

5° GABRIELLE, née le 21 février 1649, religieuse à Marsat et ensuite aux Ursulines de Maringues.

6° JACQUES qui suit.

7° HECTOR tué à l'armée de Flandre en 1683 étant capitaine de cavalerie au régiment de Bouillon.

8° ELÉONOR, comte de Brioude et ensuite prévôt du chapitre de Saint-Pierre de Mâcon. Lenet, conseiller d'Etat, rapporte dans ses *Mémoires*, t. I, p. 83, que M. de Saint-Agoulin eut l'honneur de recevoir la princesse de Condé et de lui donner à dîner dans son château de Saint-Agoulin en 1650.

XIII

JACQUES-CLAUDE DE CHAUVIGNY DE BLOT, écuyer, seigneur de Saint-Agoulin, dit le comte de Chauvigny, naquit le 17

(1) Archives de l'Allier, B. 740.

février 1653, fut page de la grande Ecurie de Louis XIV en 1670 et eut l'honneur de l'accompagner dans les campagnes de Flandre et de Hollande. Il s'établit par contrat du 30 juin 1678 avec *Marie-Claude de la Roche-Aymon*, née à Mainsat le 9 février 1654, fille aînée d'Antoine, comte de la Roche-Aymon, seigneur de Mainsat, Sannat, Hume, et de Marie de Luzay de Lusignan. Leurs enfants ont été :

1° Marie, mariée en février 1700 à *Pierre de Rochefort d'Ally*, chevalier, comte de Jozerand en Auvergne, capitaine au régiment de Navarre, fils de Jean et de Marie de Salonnier. Elle devint veuve en 1725. En mars 1729, elle fut marraine à Briollet d'un fils du comte d'Ambrugeac son cousin germain. Elle vivait encore le 13 août 1738. Son mari était décédé en 1725.

2° Amable, reçu page de la grande Ecurie du roi en 1694 et sorti en février 1701. Il mourut célibataire à l'armée (1).

3° Antoinette, née le 26 février 1680, prieure de Lavesne.

4° Eléonor, capitaine de cavalerie au régiment royal, tué à la bataille d'Hochstaedt le 13 août 1704.

5° Pierre-François, né le 31 juillet 1690, comte de Saint-Pierre de Mâcon, puis en 1723 comte de Lyon, abbé commandataire de Bonlieu, de Celles-Frouin, au diocèse d'Angoulème en 1716 et de Notre Dame de Bouras, et prieur de Cessy au diocèse d'Auxerre et de Longjumeau, député à l'Assemblée du clergé en 1715.

6° Françoise-Eléonore, alliée à *Léonard Barthon, comte de Montbas*, par contrat du 14 juin 1717, elle eut une dot de

(1) De Ribier, *Preuves de noblesse des Pages auvergnats admis dans les Ecuries du roi*, 1667, 1792, p. 65.

24.000 livres et était encore vivante le 28 février 1768 (1). Elle mourut en Haute-Marche en mars 1778 à 98 ans « sans avoir eu au cours de sa vie aucune infirmité et ayant toujours conservé sa tête » (2).

7° PAUL-PHILIPPE, né le 21 juin 1693, tué en 1713, étant capitaine au régiment du roi, à la dernière tranchée du siège de Fribourg aux côtés de son oncle le comte du Bourg, maréchal de France.

8-9-10 et 11° quatre filles entrées en religion, deux au Couvent des bénédictines de Millau et deux à l'abbaye de Puybelland.

---

(1) Archives de l'Allier, B 747.
(2) *Mercure de France*, mars 1778, p. 208.

Cliché Béguin

CHATEAU DE BLOT-L'ÉGLISE

(Puy-de-Dôme)

BRANCHE DE BLOT-L'ÉGLISE

IX *bis*

Pierre de Chauvigny de Blot, chevalier, seigneur et baron de Blot-l'Eglise, seigneur de Nassigny, Vaux, Mirebeau et Montespedon, était le dernier fils de Gilbert 1er et de Catherine Loup de Beauvoir. Il naquit vers 1500. Un des cent gentilshommes de la maison du roi, il se trouva par ses deux mariages pourvu d'une fortune assez considérable, ce qui, lors de la mort de son père en 1531, lui permit d'accepter la succession et de payer les dettes. De ce chef, il eut la terre et la baronnie de Blot-l'Eglise, détachée de l'ancienne baronnie de Blot, les terres de Mirebeau et de Nassigny entre Montluçon et Hérisson. Il fit construire un château à Blot-l'Eglise et s'y établit en 1545. Il épousa en premières noces, par contrat du 1er février 1531, *Francoise de Murols*, veuve de Gilbert de Châlus; en secondes noces, par contrat du 20 janvier 1544, *Isabeau de Bourbon-Busset*, veuve de Jean de la Queille, fille de Pierre et Marguerite d'Allègre. Le 27 décembre 1551 il fit don des seigneuries de Blot-l'Eglise, des Mazières et du Châtelard à Claude et à Antoine ses enfants. Le 12 avril 1564, il traita avec son neveu François de Chauvigny, baron de Blot-le-Château, au sujet du partage des terres patrimoniales. Il passa en 1567 à Châteaugay un accord avec son fils aîné au sujet de sa dot et des conventions de son mariage. Il eut de sa première femme :

1° Anne de Chauvigny de Blot, qui se fit religieuse.

2° Gilberte, mariée vers 1550-1560 à *François de Rochebaron*, seigneur de la Garde.

Du second lit il eut :

3° Claude qui suit.

4° Antoine.

5° Plusieurs autres enfants parmi lesquels nous plaçons Christophe, chevalier, seigneur de Nassigny, Vaux, Mirebeau, Gourdon et Montfort, né vers 1550, mort avant 1631. Marié deux fois, il épousa d'abord en 1578 *Isabeau de Coustave* (1), puis vers l'année 1600, *Nicole du Croc*, dame de Gourdon et de Montfort. De celle-ci naquit une fille Anne de Chauvigny de Blot, dame de Sauzet, Listenois, Montfort, laquelle fut aussi mariée deux fois, d'abord par contrat du 1er mars 1631 à Jacques *de Cordebeuf-Beauverger-Montgon* seigneur de la Mallerie, fils de Pierre, seigneur de Matioux et de Charlotte de Chabanne-Curton (2). Elle se remaria vers 1640-1645 à *Philippe de Montmorin-Saint-Hérem, comte de Châteauneuf*, mestre de camp de cavalerie, fils de Gilbert Gaspard, comte de Saint-Hérem et de Catherine de Castille. Il fut tué au service du roi en 1652, la laissant veuve pour la seconde fois. Le 24 février 1658 elle fit donation à Pierre de Cordebeuf, son fils du premier lit, des terres de Sauzet et de Listenois (3).

(1) Archives du Puy-de-Dôme.
(2) Archives de l'Allier, B 738.
(3) Archives de l'Allier, B 742.

ÉCUSSON AUX ARMES DES CHAUVIGNY DE BLOT

Château de Blot-l'Église

X

Claude de Chauvigny de Blot, premier du nom, baron de Blot l'Eglise, seigneur de Montespedon, Vaux, les Mazières, chevalier de l'Ordre du roi, premier député de la noblesse du bas pays d'Auvergne aux états généraux de 1614, naquit vers 1545. Il épousa par contrat du 10 mai 1576 à Blot l'Eglise, *Claude de Veyny d'Arbouse*, veuve de Claude, seigneur de Saint-Quentin et de Beaufort, fille de Michel, seigneur de Fernoël, de Villemont et de Mirabel, capitaine gouverneur de Thiers et de Peronnelle de Marillac. Sa haute situation et sa fortune lui ayant inspiré le désir de s'arroger les droits et les prérogatives de l'aînesse, bien que la branche aînée de la famille subsistât encore et qu'à son défaut il fût même encore primé par le rameau de Vivier et toutes ses ramilles, il cessa de porter dans ses armoiries la brisure que son père y avait introduite, et il signa Blot tout court, comme s'il eût été le dépositaire du nom, mais son neveu à la mode de Bretagne, Gilbert de Chauvigny, baron de Blot-le-Château, lui intenta un procès en 1606. Par sentence du 10 avril 1607, Claude de Chauvigny le perdit complètement ; il dut reprendre la brisure de cadet dans ses armes, signer de Blot et non Blot, et se requalifier expressément baron de Blot l'Eglise. Il testa le 15 mars 1621 (1) à l'âge de 76 ans et mourut peu après. Il avait quatre enfants.

(1) Du Broc de Segange, *op. cit.*, p. 169, donne la date de 1626.

1° François qui suit.

2° Pierre, vivant en 1626.

3° Jean, vivant en 1626. Jean de Chauvigny de Blot, seigneur de Marcillat, sans doute le même, vivait en 1644-1654.

4° Guyonne, mariée, par contrat du 25 avril 1606, à *Antoine de Rochebriant*, écuyer, seigneur de Confolant et Prompesat, fils d'Antoine et de Marguerite de Cordebœuf Beauverger-Montgon.

XI

François de Chauvigny de Blot, chevalier, baron de Blot l'Eglise, seigneur de Montespedon, né vers 1580, mourut avant son père et dès 1621. Il avait épousé, par contrat du 7 mars 1604, *Marie Olivier de Leuville*, petite-fille du célèbre chancelier de ce nom, fille de Jean, baron de la Rivière, gentilhomme ordinaire de la chambre du roi et de Suzanne de Chabannes. On lui connait pour enfants :

1° Claude, 2me du nom, baron de Blot-l'Eglise, dit parfois le baron de Chauvigny, connu dans l'histoire de la Fronde sous le nom de Blot l'Esprit, chambellan de Gaston de France, duc d'Orléans. Il avait un talent particulier pour tourner les couplets satiriques. Il composa un grand nombre de mazarinades des plus mordantes et se distingua au premier rang de ceux qui se battaient avec leur langue. A la paix, le cardinal Mazarin lui fit une pension. Madame de Sévigné fait son éloge et dit que ses couplets « ont le diable au corps ». Les mémoires du temps parlent de lui, ses poésies ont été publiées en 1919, à Paris, sous ce titre : *Les Chansons Libertines de Claude de Chauvigny, baron de Blot-l'Eglise, précédées d'une notice et suivies de couplets de ses amis.* Son père avait traité avec lui et avec César son frère à propos des biens qu'il leur partagea. Il mourut sans alliance à Blois le 13 mars 1655 (1). César et Gilbert ses frères sont portés comme héritiers de lui dans un acte du 24 mars 1655.

2° JEAN, jésuite, en 1639.

3° FRANÇOIS, seigneur de Motespedon, tué à l'armée en 1652.

4° CÉSAR, qui suit.

5° GILBERT, chevalier, seigneur de Pouzol, Narcillat, gentilhomme ordinaire de la Chambre du roi. Il vendit sa terre de Narcillat à Anne Saulzay, épouse de Louis de Bormerie vers 1670. Il avait en 1669 rendu foi et hommage pour cette terre et pour le château. A la même date il était tuteur des enfants mineurs de son frère César au nom de qui il accomplit le même acte de dépendance pour le château, la terre et les dîmes de Blot-l'Eglise. Il testa à Paris en 1693, laissant

(1) Epitaphe de Blot, par Saint-Pavin :

Ci-gist un docteur non commun
Qui peu savant mais fort habile
Prêcha souvent, jamais à jeun
Et comprit tout hors l'Evangile.
En homme sage et bien sencé
Du présent il a dit merveille ;
Du futur ce qu'il a pensé
Ne s'est révélé qu'à l'oreille
Mais chacun tient pour vérité
Que jamais il n'en a douté.

Pouzol à sa nièce Diane et mourut avant 1700. On lui donne un bâtard *Charles de Chauvigny*, écuyer, seigneur de la Vaux, vivant en 1693. Serait-il l'auteur de la branche de Hollande?

XII

César de Chauvigny de Blot, chevalier, baron de Blot-l'Eglise, seigneur de Montespedon par suite de la mort de ses frères aînés dont il hérita, naquit vers 1610-1615. Il mourut un peu avant 1669. Il épousa en premières noces à Espinasse, le 24 janvier 1644, *Claude Motier de la Fayette*, fille de Jean II, seigneur d'Espinasse, Hautefeuille, etc... et de Marguerite de Bourbon-Busset. Elle mourut en 1646 et il se remaria le 22 novembre 1653 à *Anne-Marie de Brugier du Rochin*, fille de Gilbert de Brugier et de Marguerite de Belvezer de Jonchères. Du premier lit naquirent deux filles dont les noms ne sont pas connus. Du second lit sont issus :

3° Amable qui suit ;

4° Gilbert ou Gabriel, seigneur de Montespedon, page du roi en sa grande écurie, vivant en 1697.

5° Marie-Diane, dame de Pouzol et de Montespedon, mariée par contrat du 18 octobre 1678 à Riom à *Charles de Chauvigny de Blot*, baron du Vivier, seigneur du Darrot, Saint-Pardoux et Turquet, fils de Gilbert et d'Eléonore de Thomassin. Elle hérita de la terre de Pouzol de son oncle Gilbert vers 1693 et était veuve avant 1716, date à laquelle elle la vendit à Jean-Baptiste de Salvaing Boissieux, mari de sa nièce. Elle hérita aussi Montespedon de son frère en 1697.

XIII

Amable de Chauvigny de Blot, chevalier, baron de Blot-l'Eglise et de Blot-le-Château, seigneur de Villard, Auchier (ou le Cheix) en partie, Sainte-Christine, Château-Guillon, Neuf-Eglise, il réunit sur sa tête les deux anciennes baronnies de Blot jadis séparées, par son mariage avec la dernière héritière de Blot-le-Château en 1686. Il était né le 1er janvier 1658 à Blot-l'Eglise. Il eut l'honneur de commander le ban et l'arrière-ban de la province d'Auvergne en 1697. D'abord gendarme de la garde du roi en 1687, capitaine de cavalerie au régiment de Ligondès en 1693, il rendit foi et hommage en 1683 à Riom pour les terres de Blot-l'Eglise et d'Augier ou du Cheix près de Cellule et de Pont-Mort, cette dernière dont il n'avait du reste qu'une partie lui venant de sa femme. Il mourut le 9 juin 1717. Il avait épousé d'abord le 10 novembre 1681, en l'église de Riom, *Françoise de Roux de Pomone*, dame du Cheix en partie, fille de Jean Antoine, receveur général des finances, lieutenant-général de la sénéchaussée d'Auvergne, conseiller d'Etat et d'Anne d'Arnoux (1). Elle mourut au bout de très peu d'années, et il prit une seconde alliance le 13 septembre 1686 avec sa parente *Gasparde de Chauvigny de Blot*, dame de Blot-le-Château, Château-Guillon, Sainte-Christine, Neuf-Eglise, fille de Charles, dernier baron de la branche aînée. Du premier lit seul fécond sont issus :

(1) Claude d'Arnoux, d'après le contrat de mariage.

1° Gilbert qui suit;

2° Marguerite-Charlotte, mariée vers 1705-1710 à *Jean-Baptiste de Salvaing-Boissieux*, chevalier, lieutenant de vaisseau. Il acheta la terre de Pouzol de Diane de Chauvigny, tante de sa femme en 1716.

XIV

Gilbert de Chauvigny de Blot, premier du nom dans son rameau, chevalier, baron de Blot l'Eglise et de Blot-le-Château, seigneur du Villard, Sainte-Christine, Neuf-Eglise, Château-Guillon, et capitaine de cavalerie, naquit à Riom le 8 août 1682. Il hérita de sa belle-mère les terres de Sainte-Christine, Neuf-Eglise et Château-Guillon, mais il ne les garda pas et les rétrocéda en 1710 lors de son second mariage aux Boyer, héritiers de sa première femme morte sans enfants, en échange des reprises qu'ils avaient le droit d'exercer contre lui (1). Le 18 août 1724, étant à Riom, il rendit foi et hommage pour les terres de Blot-le-Château, mouvantes du roi, et pour les seigneuries de Blot-l'Eglise et de Villard. Il épousa en premières noces, vers 1705, *Anne-Marie Boyer*, puis le 21 septembre 1710 *Etiennette de Damas Cormaillon*, née le 4 Janvier 1679, fille de Charles, comte de Cormaillon, baron de Villiers, général major d'infanterie au service du roi de Danemark, gouverneur de Copenhague, chevalier des ordres danois et de Marguerite de Grand d'Aizanville. De son second mariage il eut :

(1) Archives du Puy-de-Dôme.

Brevet de la charge de Guidon en la Compagnie des Gendarmes de Bretagne pour le s. Cte de Chovigny de Blot

Aujourd'huy vingt neufvieme du mois d'octobre 1749. Le Roy étant à Fontainebleau ayant reçu divers bons témoignages de la valeur courage experience en la guerre vigilance et bonne conduite du s. Cte de Chovigny de Blot Capitaine dans le regiment de Cavalerie de Henrichemont ainsi que de sa fidelité et affection à son service sa Majesté l'a retenu ordonné et établi en la charge de Guidon en la Compagnie d'hommes d'armes de ses ordonnances sous le titre de Bretagne vacante par la promotion du s. Bachy de Cavois [illegible] en la d. Compagnie pour doresnavant en faire les fonctions et en jouir aux honneurs autorités prerogatives droits et apointemens qui y apartiennent tels et semblables dont a joui ou du jouir le d. s. de Bachy de Cavois. Veut sa Majesté que le d. s. Cte de Chovigny de Blot soit doresnavant employé en la d. qualité de Guidon dans les Etats qu'elle en fera expedier et payé de ses apointements par les Tresoriers généraux de l'ordinaire de ses guerres presens et avenir chacun en l'année de son exercice en la maniere accoutumée. Mandant sa Majesté au s. d'Argouges Capitaine Lieutenant de la d. Compagnie et en son absence à celui qui la commande de le recevoir et faire reconnoitre en la d. charge en vertu du present brevet qu'elle a signé de sa main et fait contresigner par moi son conseiller secretaire d'Etat et de ses commandemens et finances.

Louis

M. S. Devoyer Dargenson

BREVET DE GUIDON

POUR GILBERT Cte DE CHAUVIGNY DE BLOT

1° GILBERT qui suit.

2° MARGUERITE, mariée dès 1743 à *Gervais de Macé* écuyer, seigneur de Saint-Hilaire, des Marsins et de la Feuillade, fils d'Annet et d'Anne de Forget. Tous deux vivaient encore en 1786.

3° GILBERTE-MARGUERITE, religieuse au couvent de la Visitation de Riom en 1731-1732 :

4° MARIE-HENRIETTE, née en 1716, religieuse au même couvent et supérieure de 1773 à 1779 et de 1782 à 1788. Elle vivait encore en 1790.

5° MARGUERITE-AGNÈS, mariée par contrat du 24 Janvier 1731 à *Hugues de Champs*, écuyer, seigneur du Chier, fils d'Antoine, écuyer et de N. de Vaux. C'est la postérité issue de ce mariage qui, ayant recueilli par divers héritages et acquisitions la terre de Blot-le-Château en prit le nom et donna naissance aux de Champs de Blot actuellement existants.

XV

GILBERT DE CHAUVIGNY DE BLOT, 2e du nom, dit le comte de Blot, chevalier, baron de Blot-l'Eglise et de Blot-le-Château, seigneur de Villard, maréchal de camp des armées du roi, cordon rouge, commandant en second du Dauphiné, naquit le 21 Juin 1720. Il fut reçu page de la grande Ecurie du roi en 1736, et sortit en 1739. D'abord capitaine de chevau-légers en 1743, guidon des gendarmes de Bretagne (1759) (1), il fut

(1) DU BROC DE SEGANGE, ibid, p. 196,

nommé en 1752 capitaine des gardes du Duc d'Orléans, colonel-lieutenant du régiment de Chartres-Infanterie le 4 mai 1753, colonel du régiment d'Orléans le 14 mars 1748, brigadier des armées le 7 juillet suivant, maréchal de camp le 20 février 1761, gouverneur de Chantelle (1) en 1766, il fut fait grand-croix de Saint-Louis en 1781 et mourut le 12 avril 1785. Il avait vendu la terre de Blot-l'Eglise à son neveu François Charles de Champs vers 1760-1765. Il vendit aussi vers la même époque une partie de Blot-le-Château à Jacques Antoine Chabre, lieutenant-général criminel au présidial de Riom. Par contrat du 18 novembre 1749 il épousa *Marie-Cécile-Pauline Charpentier d'Ennery*, dame de compagnie de Madame la Duchesse de Chartres, depuis duchesse d'Orléans (2). Cette union ne donna pas de postérité.

Madame de Blot est dépeinte par ses contemporains comme toujours élégante, supérieure comme esprit. Le Duc de Chartres la tenait en haine à raison du pouvoir constant qu'elle exerçait sur toute la maison de la Duchesse de Chartres (Duchesse d'Abrantès. *Les Salons de Paris*, tome I, p. 90-99). Dans un cercle chez la Duchesse de Chartres, elle s'écria un jour, peu après l'apparition de la *Nouvelle Héloïse*, qu'à moins d'une vertu supérieure, une femme vraiment sensible ne pourrait rien refuser à la passion de Rousseau (Madame de Genlis, *Mémoires*, chapitre XVII).

(1) Grégoire, *Le Canton de Chantelle*, p. 85. Moulins 1910, in 8°.

(2) Cécile-Pauline Charpentier d'Ennery, présentée à la Cour le 14 novembre 1753, était fille de Thomas-Jacques Charpentier, seigneur d'Ennery près de Pontoise, Espiez, Grisy, Vallangoujard, Rue, Berval, Thirville et Levilliers, capitaine au régiment Royal-Etranger Cavalerie, frère de la marquise de Breteuil, homme très riche, parce qu'il était boucher des Invalides (Barbier, t. I. p. 182).

A Paris le 8. Octobre 1738 31

Je crois, mon cher de Blot, que vous ne doutez point de l'inquietude que m'a causé votre blessure. Les nouvelles qui m'en reviennent me font esperer que vous ne serez point estropié, je serai comblé de joye quand j'aprendrai votre parfait retablissement. Je sçais comme vous vous estes conduit à l'affaire où vous venez d'estre blessé, et j'ai bien reconnu votre zele pour le service du Roy. Je sçais aussi que M. de Moncey a confirmé en cette occasion la bonne opinion que l'on a depuis longtemps de lui, et combien il est susceptible des graces du Roy. Si vous le voyez ne lui laissez point ignorer ce que je vous en dis de lui. Adieu mon cher de Blot, ne vous occupez que de votre retablissement et des sentiments d'estime et d'amitié que j'ai pour vous.

L Phil d'Orleans

M. de Blot

LETTRE DE LOUIS-PHILIPPE D'ORLÉANS

A GILBERT Cte DE CHAUVIGNY DE BLOT

Lieutenant Général des Armées du Roi

BRANCHE DE SAINT-GERAND DE VAUX

II bis

ANDRÉ DE CHAUVIGNY, dit de Nades fut peut-être fils de Guillaume 1er. — Son surnom de Nades fait croire que son père avait possédé cette terre. André est mentionné en l'année 1300, dans un hommage de Guillaume de la Roche-Aymon, comme relevant de ce seigneur à cause son de château de Mainsat en Combraille. Il avait donc lui même des biens vers la Combraille, peut-être le fief d'ailleurs inconnu de Saint-Just en Combraille que l'on voit aux mains de son fils. Il fut enterré dans l'église de l'abbaye de Bellaigue près de Virlet. Il passe pour être le père de Blain qui suit.

III

BLAIN DE CHAUVIGNY, dit de NADES, chevalier, seigneur de Santes, Saint-Just-en-Combraille, Saint-Gérand de Vaux, Valençon, Gouise, Rongères, naquit vers 1300. Il possédait Saint Gérand de Vaux dès 1329. En 1344 il rendit foi et hommage pour son hôtel de Valençon avec tour et motte sur la paroisse de Montoldre et de Varennes, et pour des cens sur Rongères, en la chatellenie de Billy en 1351. Il s'acquitta du même devoir pour sa maison forte et pour la terre de Saint Gérand de Vaux. En 1353 il fit de même pour la terre de Gouise. Il est cité en 1350 dans un hommage de Guillaume II de Chauvigny comme relevant de lui à cause du château de Chauvigny. C'est son nom qui est défiguré en Blain de Chatrinhat ou de Santes dans les *Noms féodaux*. Il assista le 27 Juin 1354 à une assemblée des parents convoqués pour nommer un tuteur aux enfants mineurs de Jean de Boucé. D'une alliance ignorée qu'il contracta vers 1330 naquirent, à ce que l'on croit, deux fils :

1° JEAN qui suit :

2° PHILIPPE DE CHAUVIGNY dit BICHAT DE NADES, chevalier seigneur de Saint Gérand-de-Vaux en partie, Valençon Saint-Loup, Rongères, Varennes, Saint-Gérand-le-Puy, Paray, Chambellan du duc Louis de Bourbon, était en possession de cette charge dès 1359. En février 1364, Louis, duc de Bourbon, comte de Clermont, étant à Londres, lui fit donation, moyennant paiement d'une rente de 49 livres, de tout ce qu'il possédait dans la paroisse de Saint Gérand-de-Vaux en récompense des bons offices qu'il lui avait rendus tant en France qu'en Angleterre (1). Il confirma cette libéralité dès son retour d'Angleterre en novembre 1366 (2). En 1366 et en 1374 il rendit foi et hommage pour les terres de Saint Gérand-de-Vaux, de Saint-Loup, de Paray, pour l'hôtel fort de Valençon, pour les terres de Varennes, de Rongères et de Saint Gérand-le-Puy dans les châtellenies de Verneuil et de Billy. Il épousa vers

(1) Archives nationales, P. 1374[1], cot. 2383, d'après Chazaud, *La Chronique du bon duc de Bourbon*. Paris, 1876, in-8° p. 349.

(2) Ibidem.

1395 (peut-être en secondes noces) *Guicharde Meschin*, fille d'Archambaud, écuyer, seigneur de la Motte-Vesset et de Renaude Affain. Il mourut peu après, laissant une fille, Amable de Chauvigny, dame de Saint Gérand-de-Vaux Saint-Gérand-le-Puy, Varennes, Rongères, Paray, Saint-Loup, Valençon, Coutant, laquelle épousa en premières noces vers 1415-1420 *Antoine de la Palisse*, écuyer, seigneur de Chazeuil et de Vouroux, fils de Philibert et d'Agnès de la Pierre. Veuve avant 1432, elle racheta à sa belle-sœur Catherine de la Palisse, la moitié de la seigneurie de Vouroux le 12 Juillet 1432. Elle vendit en 1445 sa terre de Saint Gérand-de-Vaux à Jacques de Chavanne. Elle menait pendant son veuvage une conduite moins qu'édifiante et dissipait rapidement son bien. Aussi vers 1447 sa mère Guicharde Meschin prit le parti de la déshériter et donna directement les terres de Charmeil et de Cérezat à ses deux petites-filles Marie et Jeanne de la Palisse, mariées dès 1436 à *Guillaume et à Gille d'Albon*. Amable de Chauvigny protesta et s'adressa au parlement de Paris en restitution d'héritage, mais elle ne parait pas avoir obtenu gain de cause (1). Elle épousa en secondes noces et sur le tard *Guy Caillot*, écuyer, avec qui elle vendit par acte du 19 mars 1462 la seigneurie de Coutant, près de Treteau, au seigneur de Gayette.

(1) Archives de l'Allier, E. 251. Procédure au Parlement.

IV

Jean de Chauvigny, dit de Nades, premier du nom dans sa branche, chevalier, seigneur de Saint Gérand-de-Vaux, Monts-en-Génévray, Gouise, Saint-Loup en partie, paraît être né vers 1340. Son mariage le possessionna en Nivernais. En 1376, il fit, de concert avec sa femme, par acte daté de Château-Chinon, donation à Macé de Jonchery et à Guyot son frère, d'un champ appelé des Courages. Il avait épousé, vers 1375, *Marguerite de Bourbon*, dame de Monts-en-Génévray, de la famille nivernaise de Bourbon Montmaur, probablement fille de Hugue, seigneur de Montmaur, la Maugarnie, paroisse de Saint-Loup et de Béatrix de Vendenesse, dame de Monts-en-Génévray. Elle lui donna :

1° Jean qui suit.

2° Fouque de Chauvigny, abbé de Cusset en 1415.

V

Jean de Chauvigny, dit de Nades, 2e du nom, chevalier, seigneur de Saint-Gérand-de-Vaux, Saint-Louis, Gouise, puis de Saint-Germain-des-Fossés, Fretay, la Guillermie, naquit vers 1375-1380. Il rendit foi et hommage en 1443 pour les terres de Saint-Gérand-de-Vaux et de Saint-Loup, « avec dîme et arrière-fiefs » en la châtellenie de Verneuil. Il épousa en premières noces vers 1410 *Catherine de Saint Germain*, dame de Saint-Germain-des-Fossés, Fretay, la Guillermie qui paraît être fille de Michel, seigneur des mêmes terres. Veuf il épousa vers 1420 *Catherine du Peschin*. De la première union il eut une fille JEANNE DE CHAUVIGNY, dame de Saint-Gérand-de-Vaux, Saint-Germain-des-Fossés, Fretay, la Guillermie, la Presle, Saint Loup, Gouise, puis de Molles et de Montpéroux par la succession de son deuxième mari; née vers 1410, elle épousa d'abord, le 28 février 1431 son parent *Jacques de Chauvigny de Blot*, fils de Jean III, seigneur du Vivier, Blot, Montmorillon, et de Dauphine de Bonnebaud. Elle se remaria vers 1440 à *Philippe de Bourbon*, chevalier, seigneur de Montperoux, Molles, etc... Tous deux vendirent vers 1445 les terres de Saint-Gérand-de-Vaux, Saint-Loup et Gouise au célèbre Jacques Cœur, argentier du roi, moyennant 4200 écus. Philippe de Bourbon mourut vers 1445, léguant à sa femme les terres de Molles et de Montpéroux en Bourbonnais. Elle mourut elle-même vers 1462. Comme elle n'avait pas d'enfants, ses héritiers vendirent en bloc au duc de Bourbon toutes les terres de la succession le 10 août 1463. Ces terres comprenaient alors Presle, Fretay, la Guillermie, que le duc revendit à Guichard d'Albon en 1494, Saint-Germain-des-Fossés, qu'il vendit à Bertrand de Murols vers 1470, Molles et Montpéroux qu'il céda à Jean Aubert du Chaussin en 1494.

BRANCHE DE HOLLANDE

Une branche de la Maison de Chauvigny de Blot vint s'établir en Hollande au cours du XVIIIe siècle où elle subsiste encore avec distinction, mais tous les efforts des chercheurs et de la famille n'ont pu en faire découvrir les origines exactes.

Certains prétendent qu'elle est issue d'un fils naturel de GILBERT DE CHAUVIGNY, baron de Blot, époux en premières noces de *Marie Boyer* et en deuxièmes noces de *Etiennette Damas de Cormaillon.*

Cette opinion est basée sur ce fait que N. DE CHAUVIGNY DE BLOT baptisé en l'église Saint Eustache de Paris en 1718, alla se fixer en Hollande et qu'à cette date (1718) le seul membre de la maison qui habitait Paris était Gilbert cité ci-dessus.

Selon d'autres, François son premier auteur connu aurait été un fils de Sébastien, seigneur de Châteauvert émigré en 1792 et fixé en Hollande.

Ce sont là des suppositions, mieux vaut laisser des lacunes et des points douteux dans une généalogie plutôt que de vouloir tout expliquer. Tel fait ignoré aujourd'hui sera connu demain. La lumière finit tôt ou tard par se faire.

I

FRANÇOIS DE CHAUVIGNY DE BLOT, né à Paris vers 1749, mort à Amsterdam le 31 octobre 1783 à l'âge de 34 ans. Marié deux fois, il avait épousé en premières noces *Marie Josephe Henrotte* née à Liège et décédée à Amsterdam le 17 octobre 1781, et en secondes noces le 28 Avril 1782 une française, *Marie Claire Flavie de Rivery*. De ce mariage sont issus :

1° Alexandrine, mariée en 1817 à N. Bellouze.

2° Félix qui suit.

II

Félix de Chauvigny de Blot né à Amsterdam en 1785, (baptisé le 13 Juin 1785), officier de marine, puis versé dans l'artillerie, prit part à la défense de Batavia où il fut blessé et fait prisonnier. Il épousa à Batavia le 2 février 1811, *Cornélia Juliana Von Stralendorff*, et se fixa à Java où il mourut en 1853.

De son mariage sont issus :

1° Frédéric qui suit.

2° Charles, marié laissant deux filles.

3° Louis, marié laissant deux filles.

4° Gérard, marié laissant deux fils sans alliance et une fille.

5°
6°
7°
8°
9°
10° } Six filles.

III

Frédéric de Chauvigny de Blot né à Batavia le 13 décembre 1823, décédé à la Haye le 31 août 1914. Il épousa en premières noces le 5 Janvier 1850 *Johanna Hendrika Cornélia de Brauw* fille de Cornélis de Brauw, Général en chef de l'armée hollandaise et de Raden Adjing Mina.

Veuf il épousa en secondes noces en 1866, *Pauline Christine Renardel de Lavalette*, fille de Paul Antoine et de Marguerite Bosch.

Il eut du 1er lit :

1° *Albert* né en 1851, décédé en 1890, laissant une fille Hetty, de son mariage avec mademoiselle *Hummelgens*.

2° Jacoba Cornélia née le 4 mars 1852 sans alliance.

3° Henri né le 30 novembre 1853, qui suit.

4° Corneille né le 19 décembre 1855, officier de l'armée hollandaise, décédé en 1883, marié à *J. Fenrek*. Dont deux filles mortes en bas âge.

5° Louise née le 30 octobre 1857, mariée à *R. Nauta*.

6° Guillaume né en 1858, décédé en 1899, marié à *C. Dietz* dont une fille sans alliance.

7° Frédérique née le 9 août 1860, mariée à *A. E. Wyss*.

8° Marie née le 27 février 1862, religieuse.

9° Charles né le 26 juillet 1863, marié à *L. Heyting* sans postérité.

10° Marguerite née le 10 avril 1867, sans alliance.

IV

Henri de Chauvigny de Blot né à Batavia le 30 novembre 1853 résident de l'île Madoura (Java) en 1901, vint habiter La Haye en quittant la carrière administrative. Il épousa le 15 novembre 1883, à Bandaeng (Java) *M. E. W. Heyligers*, fille de C. G. Heyligers, lieutenant-colonel dans l'armée hollandaise et de M. M. Craes. De ce mariage sont issus :

1° Henri Frédéric né le 21 novembre 1884, mort en bas âge.

2° François Félix né le 21 mars 1887, décédé sans alliance.

3° Marie Cornélie née le 27 octobre 1890, mariée à *L. A. M. Koppert*, officier aviateur de l'armée hollandaise.

NOMS ISOLÉS ET NON RATTACHÉS

Les personnages suivants n'ont pu trouver place dans la généalogie ci-dessus.

Ce sont : Jeanne de Chauvigny, elle épousa le 26 avril 1486 Geoffroy de Ballerin, écuyer, fils dePierre et de Catherine de Féau.

Gabriel de Chauvigny, protonotaire du Saint-Siège, prieur commendataire de Saint-Germain-de-Salle. Il fut convoqué à Chantelle par le Duc de Bourbon le 26 Juillet 1493 pour y collaborer à la rédaction des coutumes du Bourbonnais (1).

Isabeau de Chauvigny, dame de Ruault, damoiselle. Elle rendit foi et hommage en 1506 pour le fief des Ruaux en la Châtellenie de Montluçon. Les Ruaux ou Réaux sont en la paroisse de Néris.

Claude de Chauvigny de Blot, vicaire général de l'abbé de la Chaise-Dieu, lequel donna le prieuré du Port-Dieu à Robert de la Tour en 1529 (2).

Anne de Chauvigny, dame de Royer, en la paroisse de Saint Gérand-de-Vaux, veuve de Guichard Bus... vivait en 1557.

Hugues de Chauvigny, épousa vers 1550 *Carlotte de Bar*, fille de Louis, seigneur du Prat-Allais, Curmilhat et de Sébastienne de Dorette de Veyrières.

Christine de Chauvigny épousa vers 1585 Etienne de Bar, écuyer, homme d'armes des ordonnances du roi, fils de Claude et d'Hélène de Laire.

(1) Boudant, *Histoire de Chantelle.*

(2) Archives de la Haute-Loire, H, *d'après l'Histoire de la Chaize-Dieu*, Le Puy, 1912, p. 296.

Marie de Chauvigny de Blot, épousa vers 1690-1700 *Pierre Barthomivat*, seigneur des Combes, bailli de Chazelle (1689) résidant à Neuf-Eglise près de Saint Gervais.

N. de Chauvigny, vicomte de Blot, officier supérieur à l'armée de Condé fut tué à l'affaire de Bertheim le 2 décembre 1793.

Agathe de Chauvigny de Blot habitait Cusset en 1852. Sans alliance.

N. de Chauvigny acheta en 1725 à Pierre-Jacques Moreau de Sechelle et à Claude Françoise-Antoinette d'Amorazan, sa femme, les terres de Saint Désiré, de la Crète, de Massigny, de Chauvière et de Vaux-sous-Modun. Il les garda fort peu de temps, il les revendit aux Boulogne de Rupelmonde qui les cédèrent à Claude-Gabriel Douet de Vichy le 5 Juillet 1741.

Louis Antoine de Blot de Chauvigny, chevalier fils de feu Thomas de Blot, seigneur de Palport en Auvergne, de Metz, épouse *Marie Louise de Kleskolz*, (Archives de la Meuse, série C. c. 3062).

Hélissende de Chauvigny épousa en août 1267, *Mathieu Autier* seigneur de Villemonté, fils de Hugues et de Sibille de Clermont-Tonnerre (1).

Renaud alias Regnaud de Chauvigny épousa vers 1280-1290, Béatrix de Bourbon dont une fille Blanche épousa vers 1320, *Jean Breschard*, baron de Bressolle (2).

(1) Tardieu : généalogie d'Autier.
(2) La Thaumassière : généalogie de Bressolle, *Histoire du Berry*.

A Versailles le 7.e Mars 1780.

Le Roy ayant bien voulu, Monsieur, vous accorder le grade de Lieutenant General, j'ai l'honneur de vous en informer avec plaisir et d'être avec un très parfait attachement, Monsieur, Votre très humble et très obéissant Serviteur.

Le M.is de Montbarey

M. Le C.te de Blot m.al de Camp.

TABLE

TABLE DES NOMS CITÉS

C

D

E

F

G

H

I

J

K

L

IMPRIMERIE DE L'UNION TYPOGRAPHIQUE — DOMOIS, PAR OUGES (COTE-D'OR). — 1925.

www.ingramcontent.com/pod-product-compliance
Ingram Content Group UK Ltd.
Pitfield, Milton Keynes, MK11 3LW, UK
UKHW022112260726
13993UKWH00001B/468

9 782329 204871